Minimalismus für Anfänger – mehr durch weniger

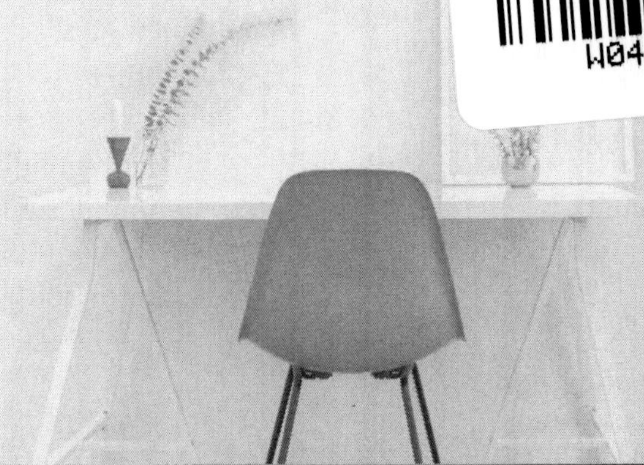

Wie Sie mithilfe des Minimalismus mehr Geld und Zeit haben können, Ordnung in Ihrem Leben schaffen, einfach und sorglos leben und glücklicher werden.

Juan Cortés

Letztes Lektorat: März 2022

Minimalismus für Anfänger – mehr durch weniger
1. Auflage: September 2021

Besuchen Sie uns im Internet: https://pld-publishing.de

ISBN: 978-3-949762-00-0

Impressum

Juan V. Cortés
Adolf-Kolping-Straße 15b
55116 Mainz, Deutschland

Inhaltsverzeichnis

EINLEITUNG **6**

WAS IST MINIMALISMUS? **8**

Alles bringt eine Last oder einen Vorteil mit sich 11
Mehr durch weniger 14

WARUM MINIMALISMUS? **18**

Der Umwelt zuliebe 18
Nachhaltigkeit 20
Mehr Geld und Zeit 21
Stressabbau 21
Selbstliebe vor Liebe zum Materialismus 22
Glücklicher werden 23
Unordnung stört die Konzentrationsfähigkeit 24
Mehr Gesundheit 25
Erhöhte Qualität der Freundschaft 26
Selektiver werden 26
Putzen leichter gemacht 27
Geld sparen 28

DER KONSUMISMUS ALS ANREIZ **29**

Die Stimmung 31
Der Schlussverkauf 33
Nicht nein sagen können 33

QUALITÄT VOR QUANTITÄT **35**

Weniger ist mehr 35
Auf lange Sicht spart „Qualität vor Quantität“ Geld 36
Mit „Qualität vor Quantität“ gegen die Ausbeutung und Umweltverschmutzung 37
Die Vererbung hochwertiger Dinge 37
Sie unterstützen kleine Manufakturen 38

ARTEN VON MINIMALISMUS **40**

Die Minimalismus-Typen 40
Sparsame *41*
Nomaden *41*
Ästheten *42*
Konsequente *43*

Pragmaten ... 43
Weltverbesserer ... 44
Der japanische und der skandinavische Minimalismus ... 44
Der japanische Minimalismus ... 45
Der skandinavische Minimalismus ... 48

WAS BRAUCHEN SIE WIRKLICH ZUM LEBEN? ... 49

Fragen, die Sie sich stellen sollten ... 52
Bedürfnisse können sich ändern ... 54
Was fühlen Sie? Was brauchen Sie in diesem Moment? ... 55
Das brauchen Sie wirklich! ... 55
Möbel ... 56
Kleidung, Accessoires und Schuhe ... 57
Hygieneartikel und Utensilien für Bad und Küche ... 59
Freizeit- und Hobbyartikel ... 60
Hygiene- und Pflegeprodukte ... 61

10 ÜBERFLÜSSIGE SACHEN IN UNSEREM LEBEN ... 63

Toaster ... 64
Sandwich-Maker und Crêpe-Maker ... 66
Trockner ... 66
Mikrowelle ... 67
Aluminium- und Frischhaltefolie ... 68
Eierköpfer ... 70
Apfelschälautomat ... 70
Spezialputzmittel ... 71
Bereits gelesene Bücher ... 71
Laubsauger ... 72

WAS KANN MAN UMSETZEN? ... 73

Project 333 ... 75
20 Tage Minimalismus Challenge ... 78
Teilbereich 1: Minimalistisch leben in der Küche ... 79
Teilbereich 2: Minimalistisch leben im Badezimmer ... 82
Teilbereich 3: Minimalistisch leben im Kleiderschrank ... 85
Teilbereich 4: Minimalistisch leben im Kopf ... 89
„Eat the Frog First“ – Methode ... 92
Die Korb-Methode ... 93
Die Karton-Methode ... 93

DIE KONMARI-METHODE ... 94
Drei wichtige Regeln der KonMari-Methode ... *95*
So setzen Sie die Konmari-Methode in Ihrem Alltag um ... *97*
DIGITALER MINIMALISMUS ... 104
Das Handy ... *104*
Das Notebook ... *105*
WAS SIE FÜR EINEN MINIMALISTISCHEN LEBENSSTIL NOCH EINFÜHREN KÖNNEN ... 106
Lebensmittel ... *106*
Freundschaften ... *112*
Minimalistische Diäten ... *114*
Dekoration ... *115*
Dokumente reduzieren ... *117*
Optionale Ausrüstung eliminieren ... *118*

WIE SOLL ICH GESCHENKE BEHANDELN? ... 120

ERKLÄREN SIE DAS „WARUM" UND FINDEN SIE NEUE GESCHENKGEWOHNHEITEN ... 120
SIE HABEN EIN GESCHENK ERHALTEN – WAS JETZT? ... 121
Seien Sie ehrlich ... *121*
Machen Sie anderen Menschen eine Freude mit den Geschenken ... *122*
Geben Sie den Geschenken eine Chance ... *122*

DER MINIMALISMUS – HERAUSFORDERUNGEN UND FEHLER ... 124

HÄUFIGE HERAUSFORDERUNGEN ... 124
Hohe Erwartungen und viel Stress ... *124*
Will ich das wirklich? – Zweifel als weitere Herausforderung ... *125*
Der Perfektionismus lässt grüßen ... *126*
HÄUFIGE FEHLER ... 127
Sie orientieren sich zu sehr an anderen und vergleichen sich mit anderen Minimalisten ... *127*
Sie sehen den Minimalismus als Wettkampf ... *128*
Sie denken, funktionsfähige Dinge durch „minimalistische" Dinge ersetzen zu müssen ... *129*
Sie denken, ständig ausmisten zu müssen, um ein richtiger Minimalist zu sein *130*

SCHLUSSWORT ... 131

QUELLEN ... 132

GESCHENK FÜR SIE ... 133

ANDERE BÜCHER VON JUAN CORTÉS ... 134

Einleitung

Es gibt einen bekannten und beliebten Spruch, der sagt: "Weniger ist mehr". Viele Menschen nehmen den Spruch in gewissen Situationen in den Mund, doch andere Menschen machen ihn ganz getreu des Minimalismus zu ihrem Lebensstil.

Denn hinter diesem einfachen Spruch steckt ein sehr interessantes und vor allem lebensveränderndes, in gewissem Sinn auch lebensverbesserndes Konzept, das unter dem Begriff „Minimalismus" Einzug in unsere Gesellschaft gefunden hat.

Wir leben in einer Welt, in der der Konsum dominiert und in der sich Menschen über Statussymbole definieren. Ganz nach dem Motto „Wer mehr hat, ist mehr wert" oder „Wer mehr hat, hat einen höheren Stellenwert" kaufen wir immer mehr Sachen, die wir nicht brauchen und die uns, anders als uns durch die Werbung versprochen wurde, auch nicht glücklich machen. Doch warum kaufen wir eigentlich so viel?

Überall um uns herum wird uns von der Werbung suggeriert, dass wir gewisse Dinge brauchen und dass wir sie kaufen müssen, um uns besser zu fühlen und um allgemein glücklicher zu sein. Nicht umsonst studieren Menschen, wie sie die Gesellschaft am besten zum Kauf von unterschiedlichen Gütern überzeugen können – die Werbung wirkt auf uns so überzeugend, dass wir für einen Moment wirklich denken, ohne einen bestimmten Gegenstand oder ohne ein bestimmtes Lebensmittel nicht oder nicht gut leben zu können.

Doch was passiert in den meisten Fällen mit den Gegenständen, die wir gekauft haben? Sie landen irgendwo in einer Schublade oder in einem Kleiderschrank und geraten dann nach und nach in Vergessenheit.

Warum fällt es uns so schwer, „Nein" zu Konsum zu sagen? Wieso kaufen wir immer mehr Sachen, die wir nicht brauchen? Finden wir es schön, vor einem Schrank voller „Ich habe nichts anzuziehen" zu stehen? Haben wir gerne Ramsch-Schubladen, in denen sich haufenweise Dinge ansammeln, die wir irgendwann einmal gekauft haben und dann doch nicht mehr brauchen?

Es ist vollkommen normal und menschlich, dass wir uns, wenn wir in einer Konsumgesellschaft leben, dem Konsum hingeben und uns von ihm mitreißen lassen. Unter all dem Stress des Alltags und der Beeinflussung durch die Werbung fällt es uns schwer, „Nein" zu sagen und das Bewusstsein dafür zu entwickeln, dass es in unserer Hand liegt zu entscheiden, ob wir bestimmte Dinge brauchen oder nicht.

Aus diesem Grund ist es hilfreich, sich intensiver mit dem Minimalismus auseinanderzusetzen und zu verstehen, was eigentlich hinter diesem Konzept steckt.

Es ist wichtig zu verstehen, dass dieser Lebensstil nicht bedeutet, in einer halb leeren Wohnung zu leben und drei Kleidungsstücke im Schrank hängen zu lassen.

Minimalismus bedeutet in aller erster Linie, sich von Lasten zu befreien – sowohl mental als auch materiell und somit sehr viel leichter und unbeschwerter durch das Leben gehen zu können.

Interessieren Sie sich dafür, wie Sie ein sorgloses Leben führen und ganz nach dem Motto „Weniger ist mehr" leben können? Dann erfahren Sie in diesem Buch nicht nur alles darüber, was sich hinter dem Begriff „Minimalismus" überhaupt versteckt, sondern Sie erfahren auch mehr über die Gründe, die dafürsprechen, ein minimalistisches Leben zu leben.

Sollten Sie die Entscheidung treffen, den Minimalismus in Ihren Alltag zu integrieren, bekommen Sie im Anschluss ein paar hilfreiche und spannende Tipps und Tricks, um die ersten Schritte gehen und den Minimalismus in Ihr Leben holen zu können. Beim Minimalismus handelt es sich nämlich nicht um ein Konzept, das sich durch alle Bereiche Ihres Lebens ziehen muss. Natürlich steht es Ihnen frei, Ihr Leben durch und durch minimalistisch zu leben, doch Sie können sich auch für einen bestimmten Bereich Ihres Lebens entscheiden, den Sie minimalistisch gestalten wollen.

Sie ganz alleine treffen die Entscheidung darüber, ob und, wenn ja, inwiefern Sie minimalistisch leben wollen. Dieser Ratgeber hilft Ihnen dabei, sich in Ihrer Entscheidung zu festigen und zu erfahren, wie Sie am besten vorgehen.

Denn hinter dem Konzept des Minimalismus steckt so viel mehr als der reine Verzicht auf materielle Dinge. Wer Minimalismus als Verzicht sieht und sich dazu zwingen muss, keine Sachen mehr zu kaufen, erfährt hier, warum Minimalismus kein Zwang, sondern vielmehr eine Chance für ein leichteres Leben ist und wieso es nicht nur die beiden Extreme „Vollkommener Minimalismus" und „Konsum", sondern auch sehr viele Stufen dazwischen gibt.

Jeder Mensch genießt die Freiheit, das breite Angebot der Konsumgesellschaft wahrzunehmen, genau wie jeder Mensch die Freiheit genießt, bestimmte Ansätze des Minimalismus in das persönliche Leben zu integrieren. Ganz nach dem Motto „Ich mach' mir die Welt, wie sie mir gefällt", suchen Sie sich die Ansätze heraus, die Ihnen zusagen und die Sie gerne in Ihr Leben integrieren wollen. Minimalismus zu leben, bedeutet nicht, dass Sie in allen Bereichen Ihres Lebens auf Dinge verzichten müssen. Selbst wenn Sie in „nur" einem Bereich minimalistisch leben, integrieren Sie den Minimalismus in Ihr Leben. Es gibt also kein Entweder-oder, sondern jeder Mensch lebt den Minimalismus so, wie es am besten in den persönlichen Lebensstil passt.

Was ist Minimalismus?

Die erste interessante und fundamentale Frage, die sich in Bezug auf den Minimalismus stellt, ist die Frage danach, was Sie sich überhaupt unter dem Begriff vorstellen dürfen. Oft wird von Minimalismus gesprochen. Sehr viele Menschen haben auch Vorurteile diesem Konzept gegenüber und stecken Menschen, die nach dem Minimalismus leben, in eine Schublade.

Minimalistisch zu leben, heißt nicht, nur noch Second-hand zu kaufen und barfuß durch die Gegend zu laufen. Doch selbst wenn Menschen gebrauchte Kleidung kaufen und barfuß durch die Gegend laufen, ist es ihr Leben und sie ganz alleine entscheiden, wie sie sich am wohlsten fühlen. Jeder Mensch entscheidet selbst, wie er den Minimalismus lebt und in welchen Bereich des täglichen Lebens er dieses Konzept integriert.

Kurz und knapp gesagt bedeutet Minimalismus nichts weiter als unnötigen Ballast, der Sie ausbremst und beschwert, abzuwerfen. Dieser Ballast gestaltet sich von Mensch zu Mensch unterschiedlich, sodass auch jeder Mensch den Minimalismus mit anderen Augen sieht. Denn was Ballast ist und was uns runterzieht, ist von Mensch zu Mensch unterschiedlich und wird somit auch von jedem Menschen anders definiert.

So kann das für einige Menschen bedeuten, sich von überflüssiger Kleidung zu trennen, während andere Menschen Gegenstände aussortieren und wieder andere bezüglich ihrer Freundschaften ausmisten und sich zum Beispiel von toxischen Menschen in ihrem Leben verabschieden.

Stellen Sie sich einmal vor, Sie schwimmen im Wasser. Das Schwimmen an sich verlangt von Ihnen Konzentration und Kraft. Schwerer wird das Schwimmen im Wasser, wenn Sie Sachen mit sich tragen, die Ihnen nicht helfen, sondern nur eine zusätzliche Last bedeuten. Diese Dinge bremsen Sie aus und ziehen Sie im schlimmsten Fall hinunter.

Befreien Sie sich jedoch von den Dingen, die Sie ausbremsen und runterziehen, können Sie sehr viel besser schwimmen und Ihre Kraft nutzen, um an Ihr Ziel zu kommen und das Wasser mit dem Erreichen des Ufers zu verlassen.

Wie Sie sehen, lässt sich der Ansatz des Minimalismus auf Ihr gesamtes Leben übertragen. Es gibt dabei keine klaren Angaben oder Richtlinien, die Ihnen vorschreiben, wie viele Kleidungsstücke Sie zu besitzen haben oder wie viele Dinge Sie aussortieren müssen, um ganz nach den Grundlagen des Minimalismus leben zu können. Es kommt im Grunde genommen darauf an, wie Sie Ihr Leben betrachten und was für Sie Ballast ist.

Zudem ist es auch immer wichtig, im Hinterkopf zu behalten, dass es sich beim Minimalismus um eine Reise handelt, auf der Sie sich immer weiterentwickeln. Mit der Entscheidung, sich von Ballast in Ihrem Leben zu befreien, machen Sie den ersten Schritt einer Reise, auf der Sie nach und nach immer weiter nach vorne gehen werden. Vielleicht machen Sie anfangs kleine Schritte, die für Sie jedoch eine sehr große Bedeutung mit sich bringen und stellen später fest, dass Sie sich von noch viel mehr Dingen und Freundschaften trennen können.

Es liegt in Ihrer Hand, inwiefern Sie den Minimalismus in Ihr Leben integrieren und inwiefern Sie bereit dazu sind, sich von materiellen aber auch von nicht materiellen Dingen zu trennen.

Der Minimalismus kann sich auf alle möglichen Bereiche Ihres täglichen Lebens beziehen, sodass Sie Ihren ganz eigenen, persönlichen Minimalismus leben können.

Unter anderem bezieht sich der Minimalismus auf die folgenden Aspekte:

- ✓ Überflüssige Gegenstände
- ✓ Eingerostete Freundschaften
- ✓ Tätigkeiten, die Ihnen nicht beim Erreichen Ihrer Ziele helfen

Auf all diese Punkte werden wir weiter unten noch einmal detaillierter eingehen. Doch es ist wichtig, dass Sie wissen, dass es nicht nur den einen Minimalismus gibt. Jeder Mensch lebt den Minimalismus so, wie es in das persönliche Leben passt. Dabei spielt auch immer die Frage danach, wie weit Sie bereit sind zu gehen, eine wichtige Rolle. So kann man auch sagen, dass der Minimalismus durchaus Hand in Hand mit der Persönlichkeitsentwicklung geht. Denn je mehr Sie merken, dass Ihr Glück und Ihr Erfolg nicht von den Dingen, die Sie kaufen, sondern von Ihnen abhängt und ein glückliches Leben in aller erster Linie von Ihnen ausgeht, fällt es Ihnen sehr viel leichter, sich von überflüssigen Dingen, Freundschaften und auch Tätigkeiten zu trennen.

Kein Konzept sagt Ihnen, was Sie brauchen, um glücklich zu sein. Vielmehr erfahren Sie in diesem Buch, wie Sie herausfinden, was für Sie das Wort „Ballast" bedeutet, um so Ihr eigenes Leben reflektieren zu können. Was brauchen Sie wirklich? Was wollen Sie wirklich machen? Mit welchen Menschen wollen Sie wirklich Ihre Zeit verbringen?

Das Ziel dieser Fragen und dieses Buches ist es, Ihnen einen Überblick darüber zu geben, was in Ihrem Leben Ballast darstellt und Sie ausbremst und was hingegen für Freude sorgt und Sie befriedigt. Entwickeln Sie das Bewusstsein, dass der Minimalismus absolut nichts mit Entbehrung oder Verzicht zu tun hat, sondern dass er Ihr Leben in bestimmten Bereichen bereichert. Dann wird dieses Konzept sehr viel einfacher in das eigene Leben integriert werden können.

Der Konsum unnötiger Güter und auch das Verbringen der Zeit mit Menschen und Tätigkeiten, die uns keine Freude bringen, bremst uns nicht nur aus, sondern trübt auch die Sicht auf unsere Ziele.

Stellen Sie sich vor, Sie fahren mit einem Auto durch das Leben. Um zu Ihrem Ziel zu gelangen, müssen Sie nicht nur wissen, welches Ziel Sie verfolgen, sondern Sie müssen auch den Blick auf die Straße freihaben, um sicher fahren zu können.

Je mehr Dinge sich jedoch in Ihrem Auto ansammeln, umso schwerer wird es. Je mehr Last Ihr Auto tragen muss, umso mehr Benzin verbraucht es und umso langsamer fahren Sie. Zudem verdecken Ihnen die vielen Dinge früher oder später die Sicht, wenn der Kofferraum bis oben hin gefüllt ist und die Dinge sogar den Blick durch die Heckscheibe erschweren.

Um wieder gut und klar sehen und die Ziele anschließend determiniert verfolgen zu können, ist es wichtig, dass Sie sich von den überflüssigen Sachen befreien und somit den dichten Nebel aus Ihrem Leben verbannen. Nur so erhalten Sie erneut eine klare Sicht auf die Dinge und auf die Straße.

Somit bedeutet Minimalismus nicht, dass Sie Dinge einfach entsorgen oder wegschmeißen, ohne darüber nachzudenken, sondern Sie werden mit der Zeit ein Bewusstsein dafür entwickeln, was Ihnen wirklich auf dem Weg zu Ihrem Glück und Ihrem Erfolg hilft und was Sie hingegen ausbremst.

Das heißt also nicht, dass Sie einfach Dinge wegwerfen, um nur noch maximal 100 Sachen zu besitzen (natürlich können Sie das machen, wenn das für Sie der richtige Weg ist) oder dass Sie nur noch drei Freunde haben dürfen. Der Minimalismus schreibt Ihnen nicht vor, wie Sie zu leben haben, sondern gibt Ihnen Anregungen für ein unbeschwertes und glücklicheres Leben ohne Ballast.

Minimalismus bedeutet an sich, dass Sie selbst entscheiden, wohin Sie die Zeit, die Energie und das Geld stecken und sich nicht von außen beeinflussen lassen. Der Minimalismus hilft Ihnen dabei, über sich selbst zu entscheiden und unbeeinflusst Entscheidungen zu treffen. Wenn Sie sich Dinge kaufen, machen Sie das, weil Sie die

Entscheidung bewusst getroffen haben und nicht, weil die Werbung in Ihnen für einen kurzen Moment die Überzeugung geweckt hat, dass Sie bestimmte Dinge unbedingt brauchen.

Genau wie jeder Mensch selbst entscheidet, inwiefern er den Minimalismus in das Leben integriert, entscheidet jeder Mensch, wo er anfängt. Am besten starten Sie ganz klein und gehen deshalb auch bewusst kleine Schritte. Sich von Dingen – ganz egal, ob es sich um materielle oder um nicht materielle Dinge handelt – zu trennen, bedeutet immer viel Willenskraft und Aufwand. Es ist nicht leicht, sich von Dingen zu verabschieden, auch wenn Sie diese kaum oder nahezu nie genutzt haben. Doch wenn Sie erst einmal die ersten Schritte gegangen sind, werden Sie feststellen, wie befreiend das minimalistische Leben ist.

Fangen Sie klein an und arbeiten Sie sich dann, wenn Sie wollen, nach und nach in die anspruchsvolleren Bereiche vor. Misten Sie zum Beispiel erst einmal Ihren Kleiderschrank aus und machen Sie sich im Anschluss daran, die Wohnung zu entrümpeln. Wenn Ihnen das gelungen ist, wagen Sie sich an die wohl schwersten Bereiche, wie die Beziehungen und den Job.

Das heißt nicht, dass Sie ein neues Leben leben und Ihr altes Leben vollkommen hinter sich lassen. Sie nehmen Veränderungen vor und optimieren Ihren Status Quo, um durch das Loswerden von Ballast einen neuen Status Quo zu erlangen, der Ihnen noch mehr Zufriedenheit, Freude, Zeit und Erfolg bringt.

Alles bringt eine Last oder einen Vorteil mit sich

Nun war die ganze Zeit hinweg die Rede von Ballast und davon, dass Ballast Menschen in ihrem Leben ausbremst. Es war auch die Rede davon, dass bestimmte Dinge und Beziehungen Vorteile mit sich bringen und Sie auf Ihrem Weg zum Glück und Erfolg unterstützen.

In diesem Zusammenhang kann es nun durchaus vorkommen, dass Sie sich die Frage stellen, ob wirklich jeder Gegenstand und jede Beziehung eine Last oder einen Vorteil darstellt. Diese Frage ist durchaus berechtigt, denn was für eine Last mögen die Sportschuhe, die nur einen kleinen Teil im Schuhschrank einnehmen, schon darstellen?

Auf den ersten Blick mögen die Schuhe nicht stören, doch wenn Sie einmal genauer darüber nachdenken, werden Sie feststellen, dass die Schuhe vielleicht weniger eine

Last aus der Sicht des Platzes sind, sondern vielmehr eine mentale Belastung darstellen.

Was kommt Ihnen in den Sinn, wenn Sie sich Ihre Schuhe aus dem Schuhschrank holen und Ihr Blick dabei auf die Schuhe fällt? Es machen sich in Ihrem Unterbewusstsein die Denkmuster breit, die Sie dazu verleiten, sich selbst unter Druck zu setzen oder sich mit Selbstvorwürfen zu überschütten:

„Ich hätte längst wieder Sport machen sollen."

„Es wäre mal wieder Zeit, die Schuhe zu benutzen."

„Mein Fitness-Level sinkt immer weiter."

„Bestimmt schaffe ich es nicht einmal mehr, 10 Minuten in den Schuhen zu laufen, ohne vollkommen k.o. zu sein."

All das sind mögliche Denkmuster, die der Blick auf die unbenutzten Sportschuhe in Ihrem Unterbewusstsein in Gang setzen könnte. Sie erinnern Sie daran, dass Ihr Schweinehund seine fristlose Kündigung wieder einmal nicht ernst genommen hat und es sich weiterhin auf Ihrer Couch in Ihrer Wohnung gemütlich macht und gleichzeitig üben die Schuhe Druck auf Sie aus, da Ihnen die Sportschuhe mit ihrer reinen Anwesenheit mitteilen, dass die Gesellschaft von Ihnen erwartet, einem bestimmten Bild zu entsprechen.

Auf den ersten Blick mögen die genannten Sätze nicht weiter schlimm oder belastend sein. Bedenken Sie jedoch, dass Sie sehr viele unnütze Gegenstände und Anziehsachen in Ihrem Haushalt besitzen, die allesamt ein jeweils belastendes Denkmuster in Ihrem Unterbewusstsein in Gang setzen.

Diese Denkmuster belasten Sie mental und wirken sich anschließend auch auf Ihr physisches Wohlbefinden aus. Haben Sie sich schon einmal mit dem Begriff der Psychosomatik auseinandergesetzt? Hinter diesem Begriff verbirgt sich die Tatsache, dass die mentale und körperliche Gesundheit in Zusammenhang stehen und in gewisser Weise voneinander abhängig sind. Treffen Sie den ganzen Tag hinweg (wenn auch unbewusst) auf bestimmte Glaubenssätze, wirkt sich das früher oder später negativ auf Ihren allgemeinen Gesundheitszustand aus. Sie sind gestresst, fühlen sich schlapp, lustlos und unmotiviert, können sich nicht konzentrieren und leiden vielleicht sogar unter Magen-Darm-Problemen oder anderen körperlichen Beschwerden.

Befreien Sie sich von all den Dingen, die in Ihnen die unbewussten Glaubenssätze in Gang setzen und Ihnen sagen, was Sie machen sollen, ohne dass Sie es machen wollen, schafft das nicht nur Platz in Ihrer Wohnung, sondern auch in Ihrem Kopf und in Ihrem Unterbewusstsein.

Fasst man es also noch einmal zusammen, versteckt sich hinter dem Begriff „Minimalismus" im Grunde genommen nichts anderes als sich auf das Wesentliche zu konzentrieren, indem alles was überflüssig ist, runterzieht, ausbremst und die Sicht trübt, weggelassen und ausrangiert wird. So bleibt am Ende nur das übrig, was Freude bringt und dabei hilft, das Ziel zu erreichen. Behalten Sie dabei immer im Hinterkopf, dass es auf dem Weg zu Ihrem Ziel durchaus Dinge gibt, die Ihnen etwas weniger Freude bereiten können.

Beim Minimalismus geht es nicht darum, nur noch spaßige Dinge, sondern vorrangig spaßige Dinge im Leben zu tun. Haben Sie beispielsweise ein Ziel fest vor Augen und müssen dafür Dinge machen, die Ihnen vielleicht nicht so viel Spaß machen, gehören diese Dinge schlicht und ergreifend mit dazu und stellen einen kleinen Abschnitt des Wegs zu Ihrem Glück und Erfolg dar.

MEHR DURCH WENIGER

Wenn Sie so wollen, könnte das Motto des Minimalismus also „Weniger ist mehr" oder auch „Mehr durch weniger" lauten.

Selbst, wenn Sie augenscheinlich weniger Dinge besitzen und somit auch weniger materielle Dinge zur Verfügung haben, haben Sie deutlich mehr Platz in Ihrem Haushalt aber auch in Ihrem Geist, um sich so auf die wesentlichen Dinge konzentrieren zu können.

Sie verabschieden sich von alten Lasten, um so Platz für noch mehr Glück, Freude und Wohlbefinden in Ihrem Leben zu machen.

Auch wenn es auf den ersten Blick nicht so zu sein scheint und für Menschen, die vorher noch nie minimalistisch gelebt haben etwas paradox erscheint, bringt der Minimalismus sehr viel Freude und Genuss mit sich.

Das mag für viele Menschen auf den ersten Blick etwas widersprüchlich klingen. Das ist kein Wunder, denn den ganzen Tag hinweg wird uns von der Werbung und allgemein von der Gesellschaft suggeriert, dass wir viele Dinge brauchen, um ein gutes und schönes, vor allem aber entspanntes und erfülltes Leben zu leben.

Wir sind Opfer einer großen Manipulation, die uns zum Kaufen animiert, uns in Wahrheit jedoch keine Freude und keinen Genuss bringt. Wenn Sie einmal genauer darüber nachdenken, bringen viele Dinge, die Ihnen eigentlich Freude bereiten sollten, nur Stress. Und wie Sie bereits von weiter oben und auch aus Ihrem persönlichen Leben und somit aus Ihren eigenen Erfahrungen wissen, macht Stress nicht nur unglücklich, sondern unter Umständen sogar krank.

Doch warum ist das so? Im Grunde genommen liegt die Erklärung für diesen Umstand auf der Hand. Wir leben in einer Gesellschaft, in der Leistung eine fundamentale Rolle spielt. Je schneller wir Leistung erbringen, umso besser ist es. Bei dem großen Druck und dem teilweise unrealistischen Anspruch nach Leistung bleibt kaum Zeit für Entspannung, sodass wir uns blind darauf verlassen, dass uns andere Menschen sagen, was wir brauchen, um ein glückliches und erfülltes Leben führen zu können.

Indem wir uns auf andere Menschen verlassen und uns nicht selbst bewusst mit unseren Wünschen und Ansprüchen beschäftigen, tappen wir in die Falle der Manipulation und kaufen somit zahlreiche Dinge, die wir eigentlich gar nicht brauchen.

Wann haben Sie sich das letzte Mal bewusst Zeit für sich oder für eine Tätigkeit genommen? Wann haben Sie das letzte Mal bewusst eine Sache genossen? Leider genießen wir unter dem Druck und dem Stress, der in der Gesellschaft dominiert, viel zu wenig und machen viel zu viele Dinge auf einmal.

In der Regel suchen wir auch etwas Entspannung und Erleichterung, in dem wir unangenehme Dinge mit angenehmen Tätigkeiten verbinden. Doch auf die Dauer kann das nicht funktionieren. Denken Sie nur einmal daran, wie die Schokolade schmeckt, wenn Sie sie bewusst genießen, weil Sie sich Zeit dafür genommen haben und sie in einem Moment der Ruhe essen und vergleichen Sie dieses Gefühl damit, wenn Sie die Schokolade nebenbei essen, während Sie arbeiten.

Wenn Sie die Schokolade essen, um damit eine unangenehme Arbeit zu kompensieren, mag Ihnen das vielleicht auf den ersten Blick Erleichterung schaffen. Doch haben Sie die Schokolade in diesem Moment genossen? Nehmen Sie den Geschmack der Schokolade überhaupt bewusst wahr?

Sie mögen sich nun die Frage stellen, was all das mit Minimalismus zu tun hat. Minimalismus bedeutet nicht nur, sich von Dingen zu verabschieden und in bestimmten Bereichen des Lebens auszumisten. Minimalismus bedeutet zugleich auch, den Zeitplan zu entrümpeln, Dinge zu entzerren und die Konzentration immer einer Aufgabe zu widmen. Sprich, anstatt die Schokolade aus dem Beispiel nur nebenbei zu essen und sie damit gar nicht wirklich bewusst genießen zu können, arbeiten Sie am besten erst und nehmen sich im Anschluss daran eine kurze Pause, in der Sie die Schokolade essen und dann bewusst und ohne Ablenkung genießen.

Denn Minimalismus bedeutet unter anderem auch, aus jeder Sache, die Sie machen, das Maximum herauszuholen. Denn das Fokussieren auf eine Sache maximiert den Genuss und die Effektivität sowie die Produktivität ungemein und hilft Ihnen auch dabei, zu verstehen, was Sie eigentlich machen wollen.

Nicht selten kompensieren Sie unangenehme Aufgaben damit, sie mit anderen angenehmeren Dingen, wie zum Beispiel dem Essen der Schokolade oder auch dem Trinken eines Glas Weins etc., zu verbinden.

Doch wie fühlen Sie sich, wenn Sie diese Kompensierung nicht haben? Beobachten Sie sich genau und finden Sie so für sich heraus, ob Ihnen die Arbeit wirklich Freude bringt. Ist sie wirklich nötig? Können Sie die Arbeit minimieren? Gibt es eine Möglichkeit, sie vollkommen zu streichen?

Indem Sie die einzelnen Aufgaben und Tätigkeiten in Ihrem Leben einzeln durchführen und Ihnen die volle Aufmerksamkeit schenken, entwickeln Sie einen sehr viel besseren und klareren Blickwinkel auf die Dinge, die Sie Tag für Tag machen.

Auch bezüglich der Schokolade könnte das bedeuten, dass Sie für sich selbst möglicherweise feststellen, dass Sie gar keine Lust auf den Genuss der Schokolade haben, sondern, dass Sie sie nur konsumieren, weil Sie auf der Suche nach einer Kompensierung der unangenehmen Arbeit waren. Essen Sie die Schokolade ohne Ablenkung, merken Sie sehr viel besser, ob Sie die Schokolade einfach nur so essen oder ob Sie wirklich Lust darauf haben und sie somit voll und ganz genießen können.

Das Schöne am Minimalismus ist, dass es sich um ein sehr vielfältiges und umfangreiches Konzept handelt, bei dem Sie ganz alleine entscheiden, wie tief Sie eintauchen wollen und an welchen Bereichen Sie arbeiten möchten.

Es kommt nicht zwingend auf die Anzahl der Güter an, die Sie besitzen, sondern vielmehr verstecken sich hinter dem Minimalismus die eigene innere Haltung sowie die Achtsamkeit sich selbst gegenüber.

Der Minimalismus stellt keinen Trend dar, den man einfach für eine gewisse Zeit einmal lebt, sondern es handelt sich um eine Einstellung und einen wahren Lebensstil, der sich als roter Faden durch das gesamte Leben zieht und somit einen wichtigen Bestandteil des Alltags darstellt.

Je weiter Sie auf Ihrer Reise des Minimalismus gehen werden, umso mehr werden Sie feststellen, dass der Minimalismus immer wieder neue Aspekte mit sich bringt, Ihnen immer wieder neue Türen öffnet und sich ganz persönlich an Ihren individuellen Lebensstil und an Ihre Ansichten anpassen lässt.

So bedeutet Minimalismus unter anderem auch Folgendes:

- Sie verzichten für einen Tag oder auch nur ein paar Stunden am Tag auf Ihr Handy und nutzen die Zeit bewusst für sich.
- Sie fahren gelassen weiter, ohne sich darüber aufzuregen, dass das Auto vor Ihnen scharf gebremst hat.
- Sie setzen sich hin, um Ihren Kaffee zu trinken, anstatt ihn einfach zwischen Tür und Angel zu trinken, während Sie Dinge für den Tag vorbereiten und sortieren.
- Sie befreien sich von der Erwartungshaltung, die Sie haben, wenn es um Familienmitglieder, Freunde oder auch Kollegen geht.
- Sie lassen den Fernseher einfach einmal aus und nehmen sich Zeit für sich.
- Sie bestellen alle Zeitschriften und Newsletter ab, die Sie nicht wirklich lesen und die Ihnen nur Zeit rauben.

Wie Sie also sehen, geht es beim Minimalismus nicht nur darum, Dinge wegzuwerfen, sondern darum, achtsam mit sich selbst umzugehen. Der Weg zu Achtsamkeit und zum

Bewusstsein darüber, was im Leben wirklich wichtig und hilfreich ist und was nicht, nimmt Zeit in Anspruch. Deshalb handelt es sich beim Weg zum Minimalismus auch um eine Reise, bei der Sie dieses Buch unterstützt und begleitet.

Nehmen Sie sich die Zeit, die Sie brauchen, um den Minimalismus in die verschiedenen Bereiche Ihres Lebens zu integrieren und halsen Sie sich auf keinen Fall zusätzlichen Stress auf. Denn Stress ist genau das, was Sie unter anderem durch den Minimalismus minimieren und nach und nach aus ihrem Leben verbannen wollen.

Je mehr Sie über den Minimalismus erfahren und je intensiver Sie sich, auch mittels dieses Buches, damit auseinandersetzen, umso mehr wird sich der Minimalismus als Selbstverständlichkeit in Ihrem Leben etablieren, ohne dass Sie sich selbst dazu zwingen müssen oder sich mit dem Konzept stressen.

WARUM MINIMALISMUS?

Sehr viele Menschen sehen den Minimalismus immer noch als Trend an, bei dem es „cool“ und „in“ ist, einfach mitzumachen. Was viele Menschen in diesem Zusammenhang jedoch vergessen, ist, dass der Minimalismus nicht einfach nur einen Trend darstellt, sondern als verändernde, befreiende und wichtige Lebenseinstellung in das Leben der Menschen einzieht. Wer sich für den Minimalismus entscheidet, entscheidet sich für ein neues Lebensgefühl, das sich durch viele Bereiche des Lebens zieht.

Es ist eine Sache, einmal im Jahr auszumisten und alle Dinge, die man nicht mehr braucht, auf dem Flohmarkt anzubieten. Eine vollkommen andere Sache ist es jedoch, gemäß des minimalistischen Ansatzes zu leben und wirklich nur die Dinge zu besitzen und zu kaufen, die Freude in einem hervorrufen und einen Nutzen mit sich bringen.

Den Minimalismus in das Leben zu integrieren und ihn nach und nach zu einer wahren Lebenseinstellung werden zu lassen, bringt viele Vorteile mit sich. Dabei spielt vor allem die Frage nach dem „Warum“ eine große Rolle. Wieso sollten Sie dem Minimalismus eine Chance geben? Warum sollten Sie minimalistisch leben? Warum ist es wichtig, dass Sie den unterschiedlichen Ansätzen eine Chance geben und sich genau die Bestandteile und Punkte aus den einzelnen Ansätzen herauspicken, die Ihnen zusagen?

Antworten auf dieses „Warum“ gibt es viele. Aus diesem Grund sehen wir uns in diesem Abschnitt genauer an, wieso der Minimalismus sich einer immer größer werdenden Beliebtheit erfreut und warum er so viele Vorteile mit sich bringt.

DER UMWELT ZULIEBE

Weiter oben wurde bereits darauf eingegangen, dass es unter den vielen unterschiedlichen Arten des Minimalismus unter anderem eine Art gibt, die sich damit beschäftigt, der Umwelt so wenig Schaden wie möglich zuzufügen.

Haben Sie schon einmal darauf geachtet, wie viele Dinge in Plastik verpackt sind, während Sie im Supermarkt durch die unterschiedlichen Regale und Abschnitte gelaufen sind? Viel zu viele Dinge sind heute in Plastik verpackt, sodass unnötiger Müll produziert wird.

Haben Sie sich je die Frage gestellt, wie viel Müll Sie im Jahr produzieren? Sind Sie sich bewusst darüber, wie viel Sie dazu beitragen, dass die Umweltbelastung immer größer wird und unsere Mutter Erde immer lauter nach Hilfe ruft?

Ein Mensch produziert im Durchschnitt circa 455 Kilogramm Müll pro Jahr, wobei 157 Kilogramm dieser Menge regulärer Hausmüll ist.

Doch nicht nur der Müll bzw. die vielen Plastikverpackungen, auf die Hersteller vermehrt zurückgreifen, spielen bezüglich der Umweltbelastung eine große Rolle und geben dem minimalistischen Lebensstil somit eine zusätzliche Bestätigung, genau richtig zu sein. Auch die riesige Auswahl an Lebensmitteln, die wir als „Luxus“ und als „toll“ empfinden, bringt nicht nur Vorteile mit sich.

Sicherlich ist es schön, wenn Sie sich in den Supermarkt begeben können und dort alles finden, was Ihr Herz begehrt. Ganz egal, ob Sie im Winter eine Ananas essen wollen oder im Sommer Lust auf Orangen haben – der Supermarkt scheint Sie das ganze Jahr hinweg mit einer sehr großen Auswahl an Obst und Gemüse zu bedienen. Dazu gesellen sich viele weitere Produkte, die Supermärkte aus dem Ausland importieren und dann zum Kauf anbieten.

Inzwischen sind wir daran gewöhnt, auf eine große Vielfalt an Speisen zurückgreifen zu können und vergessen dabei vollkommen, wie sehr die Umwelt darunter leidet, wenn wir diese ständige Verfügbarkeit nutzen.

Essen wird teilweise um die halbe Welt transportiert und dafür in Plastik verpackt. Damit belasten die Produkte die Umwelt gleich auf zwei Arten. Auf der einen Seite erfährt sie Belastung durch den Transport und auf der anderen Seite durch die Plastikverpackung.

Kaufen Sie hingegen beim Bauern vor Ort saisonal ein, genießen Sie nicht nur einen sehr viel besseren Geschmack, sondern gleichzeitig schonen Sie auch die Umwelt und unterstützen anstelle der Supermarktketten regionale Bauern und oft Familienbetriebe. Dasselbe trifft auf Milch und andere Produkte, wie Eier und Käse, zu.

Wenn Sie sich also der Umwelt zuliebe dafür entscheiden, minimalistisch zu leben, wirkt sich das nicht nur positiv auf Ihr Leben, sondern auf die ganze Umwelt aus.

Nachhaltigkeit

In engem Zusammenhang mit dem Schutz der Umwelt steht auch die Nachhaltigkeit. Zwar geht die Nachhaltigkeit nicht nur Menschen etwas an, die sich für den minimalistischen Lebensstil interessieren, doch der Minimalismus hilft sehr stark dabei, Nachhaltigkeit zu leben und somit die Umwelt zu schonen.

Dass Nachhaltigkeit immer wichtiger wird und schon längst nicht mehr nur einen Trend darstellt, zeigt die Tatsache, dass sowohl die Erderwärmung ansteigt, als auch der CO_2-Austoß immer dramatischer wird. Zudem steigt auch die Verschwendung von Plastik immer mehr an.

Integrieren Sie den minimalistischen Lebensstil in Ihr Konsumverhalten, tun Sie damit nicht nur sich selbst, sondern auch der Umwelt etwas Gutes. Minimalistisch zu konsumieren, fällt gar nicht so schwer, wie man sich das am Anfang denken könnte.

Inzwischen haben sich sogar spezielle Supermärkte etabliert, die voll und ganz auf Plastikverpackungen verzichten und Alternativen, wie zum Beispiel Glas und wiederverwendbare Obst- und Gemüsesäcke, nutzen.

Weitere Möglichkeiten, um nachhaltig konsumieren und im Sinne der Nachhaltigkeit leben zu können, stellen die folgenden dar:

- Kauf von Kleidung in Second-Hand-Läden
- Nutzung des Autos nur, wenn es keine Möglichkeit gibt, das Ziel mit dem öffentlichen Nahverkehr zu erreichen. Vor allem Menschen, die in großen Städten leben, profitieren von einem gut ausgebauten Verkehrsnetz. Auch Carsharing-Apps oder das Mieten von Autos können gute Alternativen darstellen. Denn nicht selten schaffen sich Menschen nur aus dem Grund ein Auto an, weil sie das Gefühl haben, über ein bestimmtes Statussymbol verfügen zu müssen.

- Kauf von nicht verpackten Lebensmitteln und das Mitbringen von wiederverwendbaren Säcken für Obst und Gemüse.

Mehr Geld und Zeit

Wenn Sie minimalistisch leben, wirkt sich dieser Lebensstil bezüglich Ihrer Zeit und auch Ihres Geldes äußerst positiv aus. Je weniger Geld Sie für Dinge ausgeben, die Sie eigentlich nicht brauchen, nicht nutzen und die Sie auch nicht glücklich machen, umso mehr Geld sparen Sie.

Dasselbe trifft auf Ihre Zeit zu. Je weniger Zeit Sie Dingen widmen, die Ihnen keine Freude bereiten und je weniger Sie Ihre Zeit verschwenden, um Staubfänger in der Wohnung zu putzen oder einen neuen Platz für Sie zu finden, umso mehr Zeit bleibt Ihnen am Ende für sich selbst übrig.

Es gibt aber auch Menschen, die den minimalistischen Lebensstil nutzen, um weniger Geld zu brauchen und folglich auch mit der Arbeit etwas herunterzufahren. Alles in allem sparen Sie durch einen minimalistischen Lebensstil jedoch Geld. Wie Sie diese Tatsache für sich nutzen, bleibt dabei ganz Ihnen selbst überlassen.

Stressabbau

Viele Dinge zu besitzen, bedeutet auch viel Stress. Denn alle Dinge, die Sie machen und besitzen, verlangen Aufmerksamkeit von Ihnen. Wenn Sie sich mit vielen Dingen umgeben, die Sie innerlich in Unruhe versetzen, können Sie Ihren Alltag nicht erleben und machen sich selbst zum Sklaven von Stress und Druck.

Indem Sie sich von den Dingen befreien, die Ihnen viel Stress bereiten und unbewusst Druck auf Sie ausüben, gehen Sie sehr viel entspannter und gelassener durch das Leben.

Ihr Unterbewusstsein hat eine sehr große Macht über Sie und setzt Sie, wie Sie auch weiter oben bereits lesen konnten, unter Druck, ohne dass Sie es merken. Aus diesem Grund kommen Sie in einer minimalistischen Umgebung mit einer minimalistischen Einrichtung sehr viel leichter zur Ruhe und können somit ein deutlich gelasseneres und achtsameres Leben führen, als dies der Fall ist, wenn Sie ein Leben im Konsumrausch leben.

Selbstliebe vor Liebe zum Materialismus

Vielleicht kennen Sie auch das Gefühl, an materiellen Dingen zu hängen. Mit Sicherheit besitzen auch Sie Gegenstände, die Ihnen ganz besonders wichtig sind und die für Sie einen großen Stellenwert einnehmen. Die Frage, die Sie sich dabei jedoch immer stellen sollten, ist, wieso Sie den Gegenständen einen so großen Wert zuschreiben. Wieso spielen einige Gegenstände eine so wichtige Rolle in Ihrem Leben?

Natürlich ist es richtig, dass das Geld im Leben der Menschen eine fundamentale und somit äußerst wichtige Rolle spielt. Menschen brauchen Geld, um überleben und ein würdevolles Leben führen zu können. Dennoch gibt Ihnen die Liebe zum Materialismus nicht die Vorteile, die Ihnen Selbstliebe gibt.

Viele Menschen vergessen, sich selbst zu lieben und geben all ihre Liebe dem Materialismus. Viele Menschen verfallen der Kaufsucht, um eine innere Leere zu füllen, die unter anderem aufgrund mangelnder Selbstliebe entsteht. Leider kämpfen in der heutigen Zeit immer mehr Menschen damit, sich selbst so anzunehmen, wie sie sind und sich so zu lieben, wie sie sind.

Allerdings kann kein materieller Gegenstand die Liebe, die Menschen sich selbst gegenüber geben sollten, ersetzen. Werden Sie sich dessen bewusst, werden Sie feststellen, dass Sie sehr viel weniger materielle Dinge in Ihrem Leben brauchen. Entdecken Sie die Liebe zu sich selbst und den damit in Zusammenhang stehenden unendlich großen Selbstwert, werden Sie immer weniger Glück in materiellen Gütern suchen. Sie werden Ihr Wohlbefinden nicht mehr darüber definieren, was Sie gekauft haben oder wie viel Sie besitzen. In erster Linie werden Sie sich selbst lieben und mit sich im Reinen sein.

Die Entscheidung zum Minimalismus stellt für viele Menschen somit auch einen Weg zu sich selbst dar. Sie begeben sich mit der Umsetzung des Minimalismus auf eine Reise zu ihrem wahren Ich und finden immer mehr zur Selbstliebe und zum Selbstwertgefühl.

Nicht selten finden sich in Ratgebern, in denen es um Selbstliebe und Selbstwertgefühl geht, ganze Kapitel, die den Minimalismus behandeln. Denn der Minimalismus hilft Menschen unter anderem dabei, mehr Achtsamkeit zu entwickeln und folglich mehr auf sich selbst zu schauen und sich selbst mehr Liebe zu schenken.

Glücklicher werden

Macht Konsum wirklich glücklich? Diese Frage stellt eine durchaus berechtigte dar, wenngleich das Verhalten vieler Menschen eine eindeutige Antwort zu geben scheint. Basiert man sich rein auf das Verhalten der Menschen in der heutigen Gesellschaft, stellt das "Shopping" die beste Therapie dar, wenn man wieder einmal schlechte Laune haben sollte.

Doch ist das wirklich so? Macht Shopping wirklich glücklich? Reicht es aus, Geld auszugeben und sich materielle Dinge zu kaufen, um ein langfristiges Gefühl des Glücks hervorzurufen?

Die Antwort auf diese Frage lautet, auch wenn es auf den ersten Blick nicht so zu sein scheint, „Nein". Shopping und allgemein der Konsum von materiellen Gütern macht Menschen nicht glücklich. Es scheint ein vollkommen überholter Spruch zu sein, dass Menschen, die weniger haben, glücklicher sind, doch es ist so. Menschen die weniger besitzen, sind allgemein zufriedener mit sich selbst und mit ihrem Leben.

Warum ist das so?

Wer Shoppen geht und sich immer wieder neue Dinge kauft, mag im ersten Moment ein Gefühl des Glücks und der Befriedigung verspüren. Das basiert auf der Tatsache, dass das Gehirn in diesem Moment Glückshormone freisetzt und bei Ihnen den Anschein erwecken, dass Sie glücklich sind. Allerdings lässt die Wirkung der Glücksgefühle nach einiger Zeit wieder nach und Sie bräuchten einen neuen Shopping-Trip, um diese Gefühle erneut zu erleben.

Denn, wie weiter oben bereits erklärt wurde, löst nicht der materielle Gegenstand selbst, sondern vielmehr der Akt des Kaufes, sprich die Handlung, dieses positive Gefühl in Ihnen aus.

Wenn Sie also lernen, dass Sie diese materiellen Dinge gar nicht wirklich glücklich machen und Sie Ihr Glück und Ihr Wohlbefinden in der Selbstliebe, einem Hobby oder der gemeinsamen Zeit mit Freunden und Ihrer Familie finden, werden Sie sehr viel glücklicher sein.

Unordnung stört die Konzentrationsfähigkeit

Haben Sie schon einmal von dem Spruch "Genies suchen das Chaos" gehört? Sie erhalten mit diesem Spruch einen perfekten Vorwand, um die Unordnung in Ihrer Wohnung, ohne auch nur mit der Wimper zu zucken oder rot zu werden, vor sich selbst rechtfertigen zu können.

Die Frage, die sich in diesem Zusammenhang allerdings stellt, ist, wie viel an diesem Spruch tatsächlich dran ist. Können Menschen wirklich besser arbeiten, wenn Chaos herrscht? Sicherlich müssen Sie diesbezüglich immer im Hinterkopf behalten, dass jeder Mensch anders ist. Jeder Mensch hat einen anderen Charakter und kann sich unter anderen Umständen besser konzentrieren.

Allgemein konnten Experten jedoch herausfinden, dass Chaos in der Umgebung die Konzentrationsfähigkeit von Menschen senkt und sie somit in ihrer Leistungsfähigkeit enorm einschränkt. Wer sich gut konzentrieren und in diesem Zusammenhang gute Ergebnisse erzielen möchte, sollte aus diesem Grund auf Ordnung in den eigenen vier Wänden sorgen.

Allerdings fällt es recht schwer, Ordnung zu halten, wenn Sie zu viele Dinge besitzen, die Sie gar nicht wirklich nutzen und brauchen und bei welchen Sie somit nicht wissen, wohin Sie sie räumen sollen. Oft stehen Dinge einfach herum und nehmen Platz weg. Sie stellen in diesem Fall eher einen Staubfänger dar und erfüllen keinen wirklichen Sinn und Zweck.

Alle Menschen, die einen Grund finden wollen, sich nicht konzentrieren zu müssen, finden auch einen und entdecken selbst das kleinste Staubkorn in der Luft oder finden eine Fliege auf einmal wahnsinnig spannend. Allgemein kann jedoch gesagt werden, dass Sie sich in einer ordentlichen Umgebung, die nicht vollkommen vollgestellt ist und somit für Unruhe sorgt, deutlich besser konzentrieren können, als dies der Fall ist, wenn um Sie herum Chaos herrscht.

Mit diesem Vorteil stehen zwei weitere in direktem Zusammenhang:

1. Sie schaffen sehr viel einfacher und in sehr viel kürzerer Zeit mehr Ordnung, weil Sie schlicht und ergreifend sehr viel weniger Dinge zu beseitigen und wegzuräumen haben.
2. Sie sind deutlich produktiver, weil Sie sich in einer ordentlichen Umgebung besser konzentrieren können und somit sehr viel leistungsfähiger sind.

Mehr Gesundheit

Auf den ersten Blick scheinen die Gesundheit und der Minimalismus nicht viel gemeinsam zu haben. Nehmen Sie sich jedoch ein wenig Zeit und betrachten den Minimalismus einmal etwas genauer, werden Sie merken, dass die neue Lebenseinstellung Hand in Hand mit einer deutlich besseren Gesundheit geht.

Bestimmt kennen Sie es:

In Ihrer Wohnung herrscht Unordnung. Sie sind gestresst und wissen gar nicht, wo Sie anfangen sollen, um wieder Ordnung zu schaffen. Dieser Stress überträgt sich auf Ihren ganzen restlichen Tag und trübt Ihre gesamte Stimmung. Das negative und beklemmende Gefühl, das sich durch den Stress in Ihrem Körper breitmacht, hemmt Sie nicht nur in Ihrer Produktivität, sondern auch in Ihrem Lebensstil. Wenn Sie unter Stress leiden, neigen Sie sehr viel eher dazu, sich ungesund zu ernähren und sich, wenn man es so sagen möchte, gehen zu lassen.

Ganz davon abgesehen, dass Stress allgemein einen Faktor darstellt, der bei vielen psychischen und auch physischen Erkrankungen eine fundamentale Rolle spielt, sollten Sie immer im Hinterkopf behalten, dass der Konsum eine sehr große Schuld daran trägt, dass Sie unter Stress leiden. Je mehr Dinge Sie sich in die Wohnung stellen, umso mehr müssen Sie putzen und wegräumen. Je gestresster Sie deshalb sind, umso mehr gefährden Sie Ihre Gesundheit.

Integrieren Sie den Minimalismus in Ihr Leben und reduzieren somit den Stress nach und nach, wirkt sich das positiv auf Ihr ganzes Leben, vor allem aber auf Ihre Gesundheit, aus.

Erhöhte Qualität der Freundschaft

Wie Sie bereits wissen, beziehen sich die Ansätze des Minimalismus auf alle Bereiche des Lebens eines Menschen. Es ist dabei Ihre Entscheidung, inwiefern und in welchen Bereichen Sie die Ansätze des Minimalismus umsetzen und in Ihr Leben einfließen lassen.

Einen sehr wichtigen Bereich des Minimalismus nehmen in diesem Fall die Freundschaften ein. Nehmen Sie sich einmal einen Moment Zeit und überlegen Sie, wie viele Menschen Sie als „Freunde" bezeichnen. Denken Sie dann darüber nach, inwiefern diese Menschen wirklich Ihre Freunde sind. Treffen Sie sich mit ihnen? Haben Sie regelmäßigen Kontakt zu ihnen? Machen Ihnen die Treffen Spaß oder fühlen Sie sich eher so, als würden Sie an einer Pflichtveranstaltung teilnehmen?

Den Minimalismus in Ihr Leben zu integrieren, bedeutet nicht, dass Sie nun alle Menschen aus Ihrem Leben verbannen müssen, bis nur noch eine Handvoll übrigbleiben und es bedeutet auch nicht, dass Sie eine Freundschaft nach der anderen beenden müssen.

Doch der Minimalismus lädt Sie dazu ein, sich über Ihre Freundschaften Gedanken zu machen und zu überdenken, welche Menschen Sie wirklich als Ihre wahren Freunde bezeichnen. Denn was auf materielle Güter zutrifft, gilt auch für Freundschaften: „Qualität vor Quantität".

Sie müssen nicht unendlich viele Freunde haben, mit denen Sie nur eine oberflächliche Beziehung pflegen. Es ist sehr viel wertvoller, wenige innige Freundschaften mit Menschen zu haben, die Ihr Leben wirklich bereichern und in deren Anwesenheit die Zeit wirklich verfliegt.

Selektiver werden

Menschen, die den minimalistischen Lebensstil in ihr Leben integrieren, zeichnen sich in der Regel dadurch aus, deutlich selektiver zu sein und somit sehr viel gezielter Dinge zu kaufen.

Denn minimalistisch zu leben heißt nicht, sich nichts mehr zu kaufen und sich keine neuen Dinge mehr anzuschaffen. Vielmehr bedeutet es, dass Sie sich vor dem Kauf materieller Dinge mehrmals überlegen, ob Sie eine bestimmte Sache kaufen oder nicht. Sie werden sehr viel selektiver werden und sich nur Dinge kaufen, die Sie bezüglich der Qualität und der Funktionalität überzeugen, anstatt einfach nur drauflos zu kaufen.

Indem Sie selektiver werden, kaufen Sie sich automatisch sehr viel bessere und langlebigere Dinge, an denen Sie wirklich Freude haben und die Ihnen nicht nur gefallen, weil die Handlung des Kaufes Glücksgefühle in Ihnen freisetzt, sondern weil Ihnen der Gegenstand an und für sich Freude bereitet und Sie mit seiner Funktionalität und Qualität überzeugt.

Wertschätzung, was wichtig ist

- **„Oh das ist schön - das kaufe ich mir."**
- **„Hm, vielleicht könnte ich das irgendwann mal brauchen."**
- **„Ich glaube, dass ich mir das kaufe. Das ist bestimmt sinnvoll."**

Kennen Sie diese Sätze und diese Überlegungen? Wie oft kaufen Sie sich Dinge, weil Sie vielleicht irgendwann mal nützlich sein könnten? Durch diese Einstellung sammeln sich nach und nach immer mehr Dinge in Ihrer Wohnung an, die Sie eigentlich gar nicht brauchen und die nur Platz wegnehmen und für Chaos sorgen.

Durch den Minimalismus und den Fragen, die Sie sich in diesem Zusammenhang bezüglich des Kaufes neuer Gegenstände stellen können, lernen Sie sehr viel besser, was Ihnen im Leben wirklich wichtig ist und worauf Sie Wert legen.

Sie werden sehr viel besser verstehen, was Sie sich von Gegenständen wünschen und wann Sie sich bestimmte Gegenstände kaufen und wann nicht.

Putzen leichter gemacht

Haben Sie weniger Dinge in Ihrem Haushalt stehen, wirkt sich das nicht nur, wie Sie weiter oben bereits lesen können, positiv auf Ihre Konzentration und Ihre Produktivität aus, sondern Sie können auch sehr viel einfacher putzen. Je weniger unnütze Dinge in Ihrem Haushalt herumstehen und Staub und Schmutz ansammeln, umso weniger Aufwand müssen Sie betreiben, um den Staub und den Schmutz wieder von den Dingen zu entfernen.

GELD SPAREN

Geld zu sparen steht nicht bei allen Menschen, die sich dafür entscheiden, minimalistisch zu leben, im Fokus. Allerdings stellt dieser Umstand nicht selten einen angenehmen Nebeneffekt des minimalistischen Lebensstils dar. Denn je weniger Geld Sie für Dinge ausgeben, die Sie nicht brauchen und die dem reinen Konsum dienen, umso mehr Geld bleibt Ihnen.

Natürlich gestaltet es sich von Mensch zu Mensch unterschiedlich, inwiefern dieses gesparte Geld anschließend genutzt wird und ob es in den Kauf besonders hochwertiger Gegenstände fließt oder gespart wird, doch an und für sich geht der Minimalismus mit einer recht hohen Geldersparnis einher.

Der Konsumismus als Anreiz

Wenn Sie sich gerade erst mit dem Minimalismus beschäftigen, stellen Sie sich mit Sicherheit die durchaus berechtigte Frage, an welcher Stelle Sie nun anfangen sollen. Sie fragen sich, ob es eine Liste an Dingen gibt, die Sie nicht brauchen und die Sie somit gnadenlos wegschmeißen und aus Ihrem Leben entfernen können.

Natürlich könnte an dieser Stelle nun eine Liste stehen, die Ihnen all die Dinge aufzeigt, der Sie sich entledigen können, doch beim Minimalismus handelt es sich um keine Ideologie. Der Minimalismus ist eine Lebenseinstellung, die jeder Mensch für sich persönlich lebt. Sie ganz alleine entscheiden, inwiefern Sie den Minimalismus in Ihr Leben integrieren, welche Dinge Sie behalten und welche Dinge Sie hingegen entsorgen wollen.

Aus diesem Grund findet sich an dieser Stelle auch keine Liste, die Sie abarbeiten können. Denn es geht beim Minimalismus nicht darum, so wenige Dinge wie möglich zu besitzen und so viele wie möglich wegzuschmeißen. Es geht vielmehr darum, dass Sie bewusst genießen und sich wohlfühlen, ohne Ihr Glück vom Konsum abhängig zu machen. Dennoch bekommen Sie weiter unten in dem Abschnitt über die 10 Dinge, die man eigentlich nicht braucht, einen kurzen Einblick darüber, welche Dinge Sie möglicherweise in Ihrem Haushalt besitzen, ohne dass diese einen besonderen Nutzen für Sie mit sich bringen.

Selbst wenn Sie während des Kaufens eines bestimmten Gegenstandes vielleicht Glücksgefühle verspüren, dauern diese nicht an, sondern sind temporär. In der Tat denken viele Menschen mit dem Blick auf einige Gegenstände: „Was habe ich mir nur gedacht, als ich dieses Teil gekauft habe?"

Mit Sicherheit befinden auch Sie sich in Besitz einiger Gegenstände, bei denen Sie sich diese Frage stellen. Doch wieso kaufen Menschen Dinge, die sie nicht brauchen?

Es gibt in diesem Zusammenhang einen interessanten und vor allem sehr treffenden Spruch:

Von dem Geld, das wir nicht haben, kaufen wir Dinge, die wir nicht brauchen, um Leuten zu imponieren, die wir nicht mögen.

Und genau dieser Spruch bringt es sehr treffend auf den Punkt. Menschen kaufen sich Dinge in den meisten Fällen nicht, weil sie sie brauchen oder weil sie ihnen gefallen. Vielmehr schaffen sie sich Dinge an, weil sie das Gefühl haben, dass sie zum Leben mit dazugehören und aus diesem Grund zwingend einen Bestandteil ihres Lebens darstellen müssen.

Wussten Sie, dass Konsum süchtig machen kann? Sie leben in einer Konsumgesellschaft, in der Sie von morgens bis abends von Angeboten umgeben sind. Wobei Sie auch bei den Angeboten immer vorsichtig sein müssen. Ist ein Angebot wirklich ein Angebot? Sparen Sie wirklich Geld, wenn Sie ein bestimmtes Angebot wahrnehmen?

Nicht selten:

- geben Händler den Produkten einen höheren Ausgangspreis und das Angebot, das Sie am Ende sehen ist eigentlich nichts weiter, als der eigentliche Preis. Sie haben jedoch durch den höheren Ausgangspreis das Gefühl, Geld zu sparen, wenn Sie das Produkt kaufen.
- ist der Kilopreis bei einem Angebot höher als bei den Produkten, die nicht im Angebot sind. Achten Sie aus diesem Grund nicht nur auf den Preis, den der Händler für das Angebot verlangt, sondern achten Sie vor allem auf den Kilopreis.

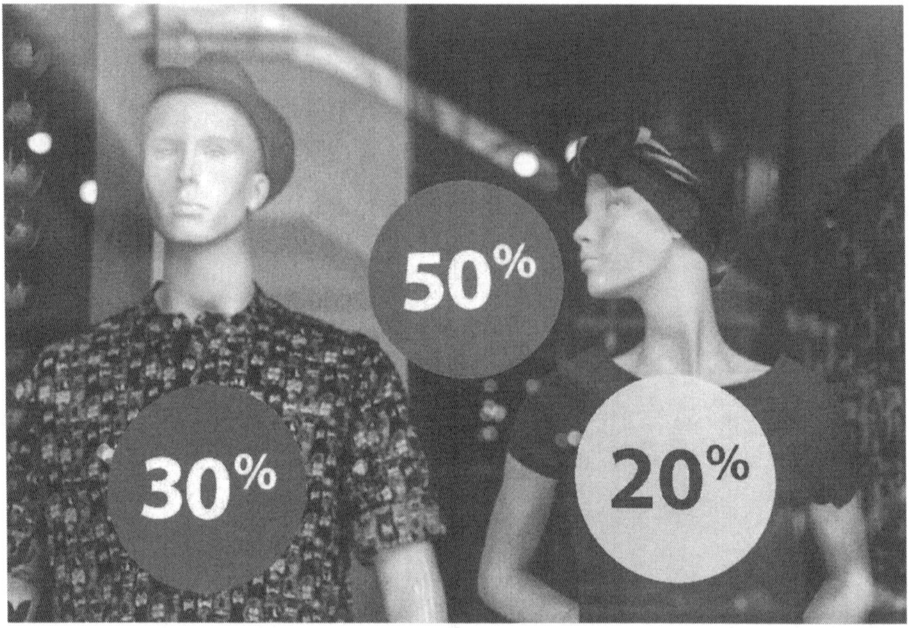

Doch wieso macht Konsum in einigen Fällen süchtig? Gehen Sie Ihren gewöhnlichen Tagesablauf einmal in Gedanken durch. Was machen Sie? Sie stehen auf und schalten das Radio oder auch den Fernseher an. In beiden Fällen werden Sie von Werbung überhäuft. Sobald Sie das Haus verlassen, hängen überall Plakate auf großen Werbetafeln, an der Bushaltestelle, am Bahnhof und auch in den Schaufenstern.

Überall werden Sie dazu eingeladen, Geld auszugeben und Dinge zu kaufen, die Sie eigentlich nicht brauchen. In einigen Fällen kann dieses Überangebot und das ständige Kaufen neuer Dinge zu einer sogenannten Kaufsucht führen.

Bei einer Kaufsucht handelt es sich um eine substanzgebundene Abhängigkeit, bei der die Betroffenen süchtig nach der Tätigkeit des Kaufens sind. Sie sind nicht süchtig nach den Gegenständen, sondern vielmehr nach dem Gefühl, das sie erleben, wenn sie Dinge kaufen und somit konsumieren.

Leider treten viele Menschen der Kaufsucht nicht ernst gegenüber und verharmlosen diese Sucht folglich. Eine weitere substanzgebundene Abhängigkeit, die hingegen anerkannt und auch behandelt wird, stellt die Glücksspielsucht dar. Doch auch die Kaufsucht sollte genauso ernst genommen und behandelt werden, wie die Glücksspielsucht.

Nun stellt sich aber auch die Frage, wieso Menschen Dinge kaufen, die sie eigentlich nicht brauchen. Wieso nehmen wir das große Angebot überhaupt wahr, anstatt es einfach zu ignorieren oder nur dann darauf zurückzugreifen, wenn wir es wirklich brauchen?

Zwei fundamentale Aspekte tragen dazu bei, dass wir uns zum Konsum verführen lassen und somit Dinge kaufen, die wir eigentlich nicht brauchen. Auf der einen Seite steht die Stimmung und auf der anderen Seite steht die Verführung durch die Händler. Aber auch die Tatsache, dass Menschen nicht „Nein" sagen können, trägt in vielen Fällen dazu bei, dass sich Menschen Dinge kaufen, die sie eigentlich nicht brauchen.

Die Stimmung

Ob Menschen dazu in der Stimmung sind, Dinge zu kaufen, liegt zu einem sehr großen Teil an ihrem Gemütszustand. Das beste Beispiel stellt der Urlaub dar. Wenn Sie im Urlaub sind, entfliehen Sie Ihrem Alltag und haben sehr viel mehr Zeit, um alles zu genießen und sich zu entspannen. In der Tat sorgen diese Entspannung und dieses temporär begrenzte Entfliehen des Alltags dafür, dass viele Menschen im Urlaub sehr viel mehr Geld ausgeben als sonst.

An diesem Umstand ist an und für sich nichts auszusetzen. Es ist nicht schlimm, wenn Sie sich im Urlaub einmal etwas gönnen. Die Frage, die sich in diesem Zusammenhang allerdings stellt, ist, wofür Sie Ihr Geld im Urlaub ausgeben.

In vielen Fällen lassen sich Menschen im Urlaub zum Kauf von Dingen verleiten, die sie eigentlich nicht brauchen.

Doch was ist der Grund dafür, dass Menschen, wenn sie in guter Stimmung sind, mehr Dinge kaufen, die sie nicht brauchen und somit dem Konsum verfallen? Die Antwort auf diese Frage ist einfach. Wenn Sie gut drauf sind, nimmt Ihre Kritikfähigkeit automatisch ab. Sie sind deutlich unkritischer und stellen sich somit vor dem Kauf auch selten kritische Fragen. Das beinhaltet die Frage danach, ob Sie den Gegenstand, den Sie sich kaufen wollen, wirklich brauchen oder nur kaufen, weil die Werbung so ansprechend ist.

Man könnte also sagen, dass die gute Stimmung ein sehr wichtiger und vor allem starker Kaufantreiber ist, der Sie dazu verleitet, Ihr Geld für Dinge auszugeben, die Sie eigentlich nicht brauchen und nach dem Kauf nie wieder benutzen werden.

Vielleicht haben Sie schon einmal davon gehört, dass Supermärkte Menschen zum Konsum anregen möchten, indem Sie Orangenaroma im Eingang versprühen oder die Orangen (wenn Orangen-Zeit ist) direkt an den Eingang des Supermarktes legen. Das hat einen ganz bestimmten Grund. Denn das Aroma der Orange wirkt sich positiv auf Ihre Stimmung aus. Wer gerne ätherische Öle nutzt, weiß, dass das ätherische Öl „Orange" eine stimmungsaufhellende Wirkung mit sich bringt. Haben Sie eine bessere Stimmung beim Einkaufen, kaufen Sie in vielen Fällen auch mehr.

Dasselbe gilt aber auch für schlechte Stimmung. Vielleicht haben Sie sich selbst bereits dabei erwischt, dass Sie zum Geldbeutel gegriffen haben, wenn Sie schlecht drauf waren. Viele Menschen versuchen, Glücksgefühle im Gehirn anzuregen, indem sie konsumieren. Natürlich stellt sich für einen kurzen Moment das Gefühl des Glücks ein, doch dieses hält nicht lange an. Eine Sucht kann dann jedoch entstehen, weil Ihr Körper immer versucht, Ihnen in Notsituationen auszuhelfen. Wenn Sie also schlecht drauf sind und Ihr Gehirn feststellt, dass Ihnen das Kaufen von Schuhen oder von anderen Konsumgütern dabei hilft, Glückshormone auszuschütten und Ihre Stimmung zu heben, etabliert Ihr Gehirn den Konsum als Gewohnheit, wenn Sie schlecht drauf sind. Die schlechte Stimmung, bzw. das Gefühl, das Sie verspüren, wenn Sie schlecht drauf sind, stellt den Reiz dar, der die schlechte Gewohnheit ins Rollen bringt und Sie dazu verleitet, shoppen zu gehen.

Wenn Sie so wollen stellt diese schlechte Gewohnheit bereits eine Art der Kaufsucht dar. Denn sobald sich eine Gewohnheit erst einmal in Ihrem Leben etabliert hat, wird es Ihnen schwerfallen, anders auf Reize zu reagieren, sofern Sie sich der Gewohnheit nicht vollkommen bewusst und auch nicht bereit dazu sind, gezielt an der Veränderung der Gewohnheit zu arbeiten.

Sicher vor Fehlkäufen sind Sie, wenn Sie weder zu gut noch zu schlecht drauf sind. In dieser Stimmungslage machen Menschen, Studien und Beobachtungen zufolge, die wenigsten Fehlkäufe.

Der Schlussverkauf

Nicht nur die Stimmung hat Einfluss darauf, ob Sie Dinge kaufen oder nicht, sondern auch die Händler haben aus verkaufspsychologischer Sicht betrachtet einige Tricks auf Lager, um Sie zum Kauf animieren zu können.

Der erste Trick liegt in der bereits erwähnten Verwendung von Orangenaroma. Den zweiten Trick, der sehr oft Anwendung findet, stellen die Angebote und die Schlussverkäufe dar. Wem fällt es schon leicht, Schlussverkäufen oder besonders attraktiven Angeboten zu widerstehen? Selbst wenn Sie durch das Angebot Geld sparen, heißt das nicht, dass Sie das Produkt wirklich brauchen.

Doch warum kaufen wir Dinge, die im Angebot sind? Der Schuldige ist in diesem Fall der Instinkt des Menschen. Ist ein Produkt im Angebot und zeigen mehrere Menschen Interesse daran, schaltet sich in Ihrem Körper der sogenannte Jagd- und Beuteinstinkt ein. Das heißt, Sie kaufen sich unterbewusst das Produkt, das im Angebot ist oder im Rahmen des Schlussverkaufs angeboten wird, mit dem Ziel, dass es kein anderer mehr kaufen kann, wenn Sie es kaufen. Das mag sich im ersten Moment recht komisch anhören, liegt jedoch in der Natur des Menschen.

Nicht nein sagen können

Ein dritter Aspekt, der dazu beiträgt, dass sich Menschen Dinge kaufen, die sie eigentlich gar nicht brauchen, ist, dass es vielen Menschen unheimlich schwerfällt, „Nein“ zu anderen Menschen zu sagen.

Dazu gesellt sich auch der Umstand, dass einige Verkäufer genau wissen, wie sie Menschen zum Kauf bestimmter Produkte überreden können. Diese Verkaufskunst, gepaart mit der Schwierigkeit, das Wort „Nein“ in den Mund zu nehmen, mündet am Ende darin, dass sich Menschen oft Dinge kaufen, die sie nicht brauchen.

Diese Erkenntnis setzt allerdings erst nach dem Kauf ein. Während des Kaufes vermitteln die Verkäufer den Kunden das Gefühl, ohne das Produkt nicht mehr leben zu können. Kunden stellen sich somit unter anderem die Frage, wie sie zuvor ohne dieses Produkt leben konnten.

Die Erkenntnis darüber, dass Sie sich ein weiteres unnützes Produkt gekauft haben, das Sie eigentlich nicht brauchen, setzt erst sehr viel später ein.

Sie haben in diesem Kapitel zwar nicht erfahren, welche Dinge Sie in Ihrem Leben nicht brauchen, doch Sie haben erfahren, wieso Menschen so viele Dinge kaufen, die sie eigentlich nicht brauchen. Wenn Sie wissen, was Menschen dazu antreibt, unnütze Dinge zu kaufen, können Sie sehr viel besser gegen den Konsum unsinniger und unnützer Dinge vorgehen.

Bevor Sie sich Dinge kaufen oder wenn Sie Dinge ausmisten wollen, können Sie sich einige fundamentale Fragen stellen, die Ihnen dabei helfen, herauszufinden, ob Sie aus einem der drei zuvor genannten Gründe kaufen oder ob Sie das Produkt wirklich haben wollen:

- **„Warum möchte ich mir das Produkt kaufen?“**
- **„Möchte ich eigentlich „Nein“ sagen und schaffe es nur nicht, gegen den Verkäufer anzukommen?“**
- **„Was mache ich mit dem Produkt?“**
- **„Sehe ich mich im Alltag mit dem Produkt?“**

Wenn Sie das Produkt bereits besitzen:

- **„Benutze ich das Produkt?“**

Mithilfe dieser Fragen wird es Ihnen deutlich leichter fallen, auf den Konsum unnützer Dinge zu verzichten und sich stattdessen wirklich nur die Dinge zu kaufen, die Sie brauchen.

Bilden Sie ein Schutzschild, welcher Sie immun gegen die teilweise recht aufdringlichen Verkäufer, die Angebote und den Schlussverkauf macht und kaufen Sie Dinge nur dann, wenn Sie sie wirklich brauchen oder wirklich wollen.

Qualität vor Quantität

Qualität hat einen deutlich höheren Stellenwert als Quantität. Doch was genau bedeutet das im Hinblick auf einen minimalistischen Lebensstil? Es bedeutet, dass Sie weniger darauf achten, wie viel Sie haben, sondern mehr Wert darauflegen, dass die Dinge, die Sie besitzen, eine gute und hochwertige Qualität aufweisen.

Mit Sicherheit haben Sie zu dem Zeitpunkt, zu dem Sie dieses Buch in den Händen halten und lesen, viel mehr Dinge, als Sie eigentlich brauchen.

Nun mag es schön und gut sein, dass die Qualität vor allem aus dem Blickwinkel eines minimalistischen Lebensstils eine deutlich wichtigere und größere Rolle spielt als die Quantität, doch was spricht noch alles dafür, mehr Wert auf die Qualität als auf die Quantität zu legen? Wieso ist es besser zu sparen, um sich ein gutes Smartphone zu kaufen, anstatt sich ein günstiges Angebot zu holen, das nach weniger Zeit seiner Funktion nicht mehr zu 100 Prozent nachkommt?

Weniger ist mehr

Dieser Spruch mag inzwischen ausgelutscht klingen und viele Menschen nehmen diesen Spruch auch einfach so in den Mund, ohne das Konzept, das dahinter steckt, wirklich zu leben. Doch der Spruch hat durchaus seine Berechtigung. Denn wer weniger zum Leben braucht und mehr Wert auf die Qualität als auf die Quantität der Dinge legt, lebt glücklicher. Selbst von Wissenschaftlern durchgeführte Studien haben inzwischen herausgefunden und bestätigt, dass Besitz alleine Menschen nicht glücklich macht.

An dieser Stelle kommt oft der Spruch „Geld macht nicht glücklich" auf. Das stimmt und stimmt auch wieder nicht. Es kommt immer ganz darauf an, wie Menschen das Geld verwenden. In erster Linie ist es ein nicht zu negierender Fakt, dass Menschen Geld brauchen, um leben zu können. Ohne Geld kann ein Mensch in der Gesellschaft nicht überleben und kein menschenwürdiges Leben führen.

Geben Sie Geld für viele unnütze Dinge aus, die Sie eigentlich nicht brauchen, macht das Geld Sie nicht glücklich. Denn wie schon gesagt – Besitz alleine macht nicht glücklich. Nutzen Sie das Geld jedoch, um sich Dinge zu kaufen oder Erlebnisse zu bezahlen, die Sie wirklich wollen, macht Sie die Art der Verwendung des Geldes glücklich.

Kaufen Sie also weniger und achten mehr auf die Qualität, geben Sie vielleicht gleich viel Geld aus, sind aber deutlich erfüllter und glücklicher mit der Art, in der Sie das Geld ausgegeben haben.

Auf lange Sicht spart „Qualität vor Quantität" Geld

Qualität hat seinen Preis – das ist keine Frage. Es steht nicht zur Debatte, dass Sie mehr Geld bezahlen müssen, wenn Sie sich eine qualitativ hochwertige Sache kaufen, als wenn Sie auf das günstigere Angebot zurückgreifen. Allerdings handelt es sich bei diesem Vergleich zwischen „teuer" und „günstig" um einen Vergleich des Momentes. Sprich: In der Gegenwart sparen Sie zum Zeitpunkt des Kaufes Geld, wenn Sie auf das günstigere Produkt zurückgreifen und müssen mehr Geld ausgeben, wenn Sie das qualitativ hochwertigere Produkt kaufen.

Haben Sie sich jedoch je die Frage gestellt, wie sich die Kosten und die Ausgaben auf lange Sicht gesehen gestalten? Kaufen Sie sich zum Beispiel günstige Kleidung, die innerhalb weniger Wochen Risse und Löcher aufweist oder ihre Farbe verliert, müssen Sie diese Kleidung ersetzen. In diesem Fall greifen Sie möglicherweise erneut auf günstige Angebote zurück. Am Ende des Jahres haben Sie in Summe deutlich mehr Geld ausgegeben, weil Sie immer wieder neue Kleidung kaufen müssen, als dies der Fall gewesen wäre, wenn Sie einmal etwas mehr Geld in die Hand genommen und sich qualitativ hochwertigere Kleidung gekauft hätten. Im Moment des Kaufes mögen Sie möglicherweise mehr Geld ausgegeben und nicht gespart haben, doch im Gesamtbild sparen Sie mit dem Kauf qualitativ hochwertiger Kleidung viel Geld.

Allerdings gilt das nicht nur für Kleidung, sondern ist auf eigentlich alle Dinge und Utensilien zu übertragen.

Bedenken Sie nur einmal, wie sehr sich Schuhe in ihrer Qualität unterscheiden. Hochwertige Schuhe mögen zwar um die 200 Euro kosten und somit 150 Euro teurer sein, als die Schuhe, für die Sie nur 50 Euro zahlen. Allerdings gehen die Schuhe für 50 Euro oft nach ein bis zwei Jahren kaputt, während die teuren und hochwertigen Schuhe bis zu 10 Jahre oder länger halten. So sparen Sie auf lange Sicht gesehen sehr viel Geld.

Wie schon gesagt, dasselbe gilt auch für viele andere Dinge, wie zum Beispiel für Möbel oder Accessoires (Schmuck, Ohrringe etc.).

Mit „Qualität vor Quantität“ gegen die Ausbeutung und Umweltverschmutzung

Je mehr Sie kaufen, umso mehr müssen Menschen arbeiten, um die Produkte herzustellen. Sie wissen mit Sicherheit auch, dass in der Welt nicht „Friede, Freude, Eierkuchen“ herrscht, sondern dass leider weiterhin sehr viele Menschen in menschenunwürdigen Verhältnissen arbeiten und eine mehr als unfaire Bezahlung für ihre viel zu schwere, harte und lange Arbeit erhalten. Zudem arbeiten weiterhin immer noch Kinder für die Sachen, die Sie sich dann zu geringen Preisen kaufen können.

Wenn Sie hingegen darauf achten, hochwertige Produkte von Herstellern zu kaufen, die ihre Arbeiter gut bezahlen und unter fairen Bedingungen arbeiten lassen sowie auf Kinderarbeit verzichten, helfen Sie dabei, gegen Ausbeutung vorzugehen.

Machen Sie nicht den Fehler zu denken, dass Sie keinen Unterschied machen. Wenn alle Menschen, die so denken und deshalb weiterhin günstig kaufen und weniger auf die Qualität, sondern mehr auf die Quantität achten, wüssten, dass sie den Unterschied machen, würde es auf der Welt heute schon ganz anders aussehen. Denn Sie machen den Unterschied. Jeder Mensch, der etwas gegen die Ausbeutung unternimmt, macht einen Unterschied.

Genau dasselbe trifft auf die Verschmutzung der Umwelt zu. Kaufen Sie sich eine qualitativ hochwertige Sache, anstelle von vielen nicht sonderlich hochwertigen Produkten, nutzen Sie sehr viel mehr Materialien und Rohstoffe. Dadurch, dass die qualitativ minderwertigen Produkte auch schneller kaputtgehen und Sie sie deshalb wieder ersetzen müssen, nehmen Sie weitere Rohstoffe in Anspruch und belasten somit in einem nicht zu unterschätzenden Ausmaß die Umwelt.

Die Vererbung hochwertiger Dinge

Hochwertige Produkte zeichnen sich, wie schon gesagt, durch die Tatsache aus, lange zu halten und ihrer Funktion über einen sehr langen Zeitraum hinweg zuverlässig nachzukommen. Es steht außer Frage, dass einige Dinge einen emotionalen Wert haben, der weit über dem materiellen Wert liegt und somit, wenn Sie so wollen, auch ein kleines Stück Plastik einen unendlich großen emotionalen Wert für eine Person haben kann.

Geht es aber um Dinge, wie zum Beispiel eine Uhr, Schmuck oder auch Möbelstücke, ist es sehr unwahrscheinlich, dass Sie Ihren Nachkommen irgendwann die Möbel des bekannten schwedischen Möbelhauses vererben, wenn sich Ihre Nachkommen für wenig Geld ebenfalls Möbel dort kaufen können.

Setzen Sie beim Kauf Ihrer Möbel, Kleidung, Accessoires und anderer Dinge jedoch auf eine sehr gute und hochwertige Qualität, können Sie diese später einmal, nachdem sie Ihnen über viele Jahre hinweg gedient haben, an Ihre Nachkommen vererben.

Es geht dabei jedoch nicht nur ums Vererben, sondern Sie können diese Dinge, falls Sie sich einmal etwas Neues anschaffen wollen, anstatt sie wegzuwerfen und die Umwelt damit zu belasten, verkaufen oder verschenken.

Besonders hochwertige Dinge halten ein Leben lang und erfüllen auch über viele Generationen hinweg ohne Probleme und vollkommen zuverlässig ihren Sinn und Zweck.

Sie unterstützen kleine Manufakturen

Haben Sie schon einmal festgestellt, wo Sie Dinge kaufen, wenn Sie auf der Suche nach einem Angebot sind und so viel Geld wie möglich sparen wollen? In der Regel kaufen Sie diese Dinge bei großen Ketten, die leider weiterhin Kinderarbeit unterstützen und ihre Arbeiter in den "Dritte-Welt-Ländern" ausbeuten.

Selbst wenn große Ketten damit werben, in einem gewissen Maß auf den Schutz der Umwelt zu achten, können sie das nicht in dem Ausmaß machen, in welchem die kleinen Manufakturen dies tun.

Kaufen Sie Dinge hingegen bei kleineren Manufakturen, bei denen die Inhaber genau wissen, woher sie ihre Rohstoffe beziehen und wie diese verarbeitet werden, unterstützen Sie nicht nur faire Arbeitsbedingungen, sondern Sie helfen auch der kleinen Manufaktur selbst.

Indem Sie bei kleinen Manufakturen kaufen, unterstützen Sie den Mittelstand, der zwar unter den großen Betrieben und Ketten immer mehr in Vergessenheit zu geraten scheint, jedoch circa 82 Prozent der betrieblichen Ausbildungsplätze und auch 60 Prozent aller Arbeitsplätze in Deutschland ausmacht.

Wie Sie also sehen, ist es nicht nur in Hinsicht auf den minimalistischen Lebensstil vorteilhaft, das Motto „Qualität vor Quantität" zu leben, sondern es sprechen viele weitere Gründe dafür, sich hochwertige Produkte zu einem höheren Preis zu kaufen, anstatt sich viele Dinge zu einem geringen Preis zu kaufen, dafür aber in Bezug auf die Qualität einzusparen.

Arten von Minimalismus

Da sehr viele Menschen immer noch dieses eine Bild des Minimalisten im Kopf haben, dessen Wohnung kaum Möbel aufweist, der nur Bio kauft und ausschließlich Second-Hand-Kleidung trägt, sind sich sehr viele Menschen gar nicht darüber bewusst, dass sie in bestimmten Bereichen ihres täglichen Lebens bereits minimalistisch leben und Ansätze des Minimalismus in ihr Verhalten und ihren Alltag integriert haben.

Wie schon so oft erwähnt, gibt es nicht den einen einzigen Minimalismus, sondern der Oberbegriff teilt sich vielmehr in viele unterschiedliche Ansätze, Verhaltensweisen und nicht zuletzt in Typen auf, zwischen denen Sie unterscheiden können.

Vielleicht fassen Sie einen Typ ins Auge, der Ihnen ganz besonders zusagt und den Sie nachahmen wollen oder Sie können sich in einem der Typen bereits wiedererkennen und interessieren sich dafür, welche weiteren Verhaltensweisen ebenfalls zu Ihnen passen könnten.

Genauso kann es aber auch vorkommen, dass Sie feststellen, dass keiner der genannten Typen zu Ihnen passt, sodass Sie einen ganz individuellen Minimalismus leben. All diese Optionen sind vollkommen legitim. Es gibt kein richtig oder falsch, sondern Sie ganz alleine treffen die Entscheidung darüber, ob und wie Sie den Minimalismus in Ihr Leben integrieren.

Um Ihnen einen Überblick darüber zu geben, wie umfangreich und unterschiedlich Minimalismus ist, erfahren Sie hier alles über die sechs bekanntesten Minimalismus-Typen. Alleine diese Übersicht wird Ihnen dabei helfen zu verstehen, dass der Minimalismus sehr viele unterschiedliche Gesichter hat und sich nicht auf einen bestimmten zentralen Ansatz beschränkt. Denn die folgenden Typen verfolgen allesamt unterschiedliche Ansätze, die auf den ersten Blick nichts gemeinsam zu haben scheinen, bis auf die Tatsache, dass sie alle ganz auf dem Motto „Weniger ist mehr“ aufbauen – nur eben jeder so, wie er den Minimalismus für sich interpretiert und am besten in sein Leben integrieren und mit seinen Ansichten und seiner Einstellung kombinieren kann.

Die Minimalismus-Typen

Bei den sechs Typen, auf die wir kurz etwas genauer eingehen wollen, handelt es sich um die folgenden:

1. Sparsame
2. Nomaden
3. Ästheten
4. Konsequente
5. Pragmaten
6. Weltverbesserer

Auch wenn sich die einzelnen Typen durch bestimmte Verhaltensweisen und Aspekte auszeichnen, heißt das nicht, dass jeder jeden Aspekt in sein Leben integriert. Auch innerhalb der einzelnen Typen gibt es fundamentale Unterschiede zwischen den Minimalisten. Wie gesagt gibt es auch einige Menschen, die sich die für sie interessantesten Dinge aus den einzelnen Typen herauspicken und sich somit ihren ganz eigenen, persönlichen Stil zusammenbasteln.

Sparsame

Wie Sie sich vielleicht bereits anhand der Bezeichnung denken können, zeichnen sich sparsame Minimalisten dadurch aus, vor allem bezüglich des Geldes und des Konsums sparsam zu leben. Sprich: Menschen, die diesen Minimalismus leben, geben Geld nur dann aus, wenn sie es als wirklich notwendig und sinnvoll ansehen. Lieber sparen sie das Geld und verzichten dafür auf den Kauf von Modetrends oder Dingen, die sie nicht wirklich brauchen.

Einige Ansätze, die sparsame Minimalisten in ihr Leben integrieren, sind unter anderem die folgenden:

- Leben in einem Tiny Haus anstatt in einer größeren Immobilie
- Der Kauf von Kleidung und auch anderer Dinge findet hauptsächlich in Second-Hand-Läden statt, da sie dort deutlich günstiger sind.
- Die Wiederverwertung von Dingen spart Geld. So kann aus einem Shirt auch mal ein Putzlappen oder aus einem Vorhang ein selbstgenähtes Kleidungsstück oder ein Jutebeutel werden.
- Auf Abos oder allgemein auf Finanzierungen (Netflix, Zeitungsabos, Kredite...) wird in der Regel verzichtet.

Nomaden

Minimalistische Nomaden heißen aus dem Grund „Nomaden“, weil alle Dinge, die sie zum Leben brauchen, Platz in nur einem Rucksack finden. Sprich: Würden sich die

Nomaden dazu entscheiden, umzuziehen oder auf Reisen zu gehen, bräuchten sie nicht lange, um ihr Gepäck zusammen zu stellen, da sie nur eine sehr kleine und minimale Ausstattung besitzen. In der Regel machen dies die Nomaden auch. Denn minimalistische Nomaden bereisen in der Regel die Welt und haben somit gar nicht die Möglichkeit, viel Schnick-Schnack mit sich zu tragen.

Aspekte, die einen Minimalisten-Nomaden ausmachen, sind unter anderem die folgenden:

- Ein paar Schuhe passen für jeden Anlass.
- Ein bis zwei Outfits reichen für jedes Wetter aus.
- Technische Geräte weisen eine sehr gute Qualität auf und halten somit auch sehr lange.

Selbst wenn Nomaden nur wenige Sachen besitzen, haben einige Menschen Dinge bei Verwandten und Freunden untergestellt. Schließlich müssen Sie sich nicht radikal von allem trennen, was Sie in Ihrem Leben besitzen.

Ästheten

Auf den ersten Blick mag ein ästhetischer Minimalist etwas aus der Reihe fallen. Denn der Fokus dieser Minimalisten liegt in allererster Linie auf einem schönen und aufgeräumten Zuhause. Dabei ist es nicht wichtig, wie viele Möbelstücke in der Wohnung vorhanden sind, sondern der Fokus liegt darauf, dass die Gegenstände glücklich machen und für eine schöne Optik in der Wohnung oder im Haus sorgen.

Oft zeichnet sich ein ästhetischer Minimalist durch die folgenden Aspekte aus:

- Helle Wandfarben in der Wohnung.
- Monochrome Einrichtung für die Räume.
- Ein geschlossener Stauraum ist sehr wichtig.

Konsequente

Bei den konsequenten Minimalisten handelt es sich, wenn Sie so wollen, um die Hardcore-Minimalisten. Denn Menschen, die konsequent minimalistisch leben, zeichnen sich durch die Tatsache aus, sich ständig auf der Suche nach Wegen und Möglichkeiten zu befinden, um noch mehr Elemente entsorgen zu können.

Vielen Menschen ist der konsequente Ansatz jedoch zu heftig, weshalb die Gruppe der konsequenten Minimalisten nur eine geringe Prozentzahl unter all den Menschen ausmacht, die minimalistisch leben.

Nicht selten ernten konsequente Minimalisten verständnislose Blicke von ihren Mitmenschen, wenn sie wieder an einer Challenge teilnehmen (wie die 20 Tage Minimalismus Challenge, siehe Kapitel „Was kann man umsetzen"?) oder einen weiteren Gegenstand aus der bereits recht leeren Einrichtung entsorgen.

Unter anderem zeichnet sich der konsequent minimalistische Lebensstil durch die folgenden Ansätze aus:

- Konsequente Minimalisten nehmen in der Regel an vielen Minimalismus-Challenges teil.
- Jeder Tag bringt die Chance mit sich, für sich selbst herauszufinden, mit wie wenig Dingen ein Mensch auskommen kann.
- Die Anzahl der Kleidungsstücke im Kleiderschrank beschränkt sich in der Regel auf 33 Kleidungsstücke (ganz nach dem Projekt 333, über das Sie weiter unten im Kapitel, das sich mit dem Ausmisten der Garderobe und des Kleiderschranks beschäftigt, mehr erfahren).

Pragmaten

Sehr viele Menschen, die sich für den Minimalismus interessieren, erkennen sich in der Bezeichnung der pragmatischen Minimalisten wieder. Denn die pragmatischen Minimalisten haben das Bewusstsein darüber, dass in ihrer Wohnung zu viel Überfluss und Chaos herrscht, weshalb sie das Verlangen danach haben, etwas gegen den Konsumwahn und das Chaos in der Wohnung zu unternehmen.

Somit zeichnen sich pragmatische Minimalisten unter anderem durch die folgenden Aspekte aus:

- Die pragmatischen Minimalisten wollen etwas gegen das Chaos und den Überfluss im Haushalt unternehmen.
- Neu gewonnener Platz findet eine große Wertschätzung.

Weltverbesserer

Der letzte Typ, über den Sie etwas mehr erfahren, ist der sogenannte Weltverbesserer. Wie Sie sich vielleicht bereits denken können, handelt es sich bei den Weltverbesserern um Menschen, die wenig Müll produzieren, kaum Auto fahren und auch weitestgehend auf die öffentlichen Verkehrsmittel verzichten. Zudem besitzen diese Menschen auch wenige Dinge und sparen oft nicht nur Zeit, sondern auch viel Geld.

Alles in allem beschreiben folgende Aspekte die weltverbessernden Minimalisten:

- Sehr wenig bis keine Produktion von Müll – Zero Waste.
- Fortbewegung zu Fuß oder mit dem Fahrrad. Bei langen Strecken greifen sie oft auf die öffentlichen Verkehrsmittel zurück und verzichten in der Regel auf den Besitz eines eigenen Autos.
- Sachen werden selten neu, und wenn, dann nur nachhaltig gekauft.
- Aus alt mach neu – Sachen werden so oft es geht wiederverwertet.

Wie Sie sehen können, teilen sich die Minimalisten in viele unterschiedliche Gruppen ein. Dabei ist es, wie auch bereits weiter oben geschrieben, vollkommen legitim, wenn Sie sich nicht nur einer bestimmten Gruppe zugehörig fühlen, sondern sich Ihren ganz eigenen persönlichen Minimalismus aus verschiedenen Typen zusammenstellen.

Der japanische und der skandinavische Minimalismus

Dass es sich beim Minimalismus um einen sehr umfangreichen und breiten Bereich handelt, in dem jeder Mensch genau den Weg gehen kann, den er möchte und genau die Methode findet, mit der er sich wohlfühlt, zeigt die Tatsache auf, dass nicht nur zwischen den weiter oben genannten Arten des Minimalismus eine Unterscheidung stattfindet.

Neben den bereits genannten Arten des Minimalismus gibt es unter anderem den japanischen und den skandinavischen Minimalismus. Doch worum handelt es sich bei diesen beiden Arten des Minimalismus? Was müssen Sie sich unter diesen beiden Arten vorstellen?

Sowohl der japanische als auch der skandinavische Minimalismus zeichnen sich durch verschiedene Ansätze aus. Sie selbst entscheiden, welcher Ansatz Ihnen am meisten zusagt und ob Sie eine dieser beiden Arten des Minimalismus in Ihr Leben integrieren wollen.

Eine durchaus interessante Tatsache bezüglich des japanischen und skandinavischen Minimalismus stellt der Umstand dar, dass sich die beiden Arten des Minimalismus, trotz des geographisch recht großen Abstands, seit dem 20. Jahrhundert gegenseitig inspirieren und somit auch ineinander überlaufen und sich in gewissen Punkten ähneln.

Sehen wir uns erst einmal den japanischen Minimalismus etwas genauer an, bevor wir uns anschließend auch etwas intensiver mit dem skandinavischen Minimalismus beschäftigen.

Der japanische Minimalismus

Was kommt Ihnen als Erstes in den Sinn, wenn Sie an die Dekorationen denken, die im Zusammenhang mit Japan stehen? Welche Dekoration finden Sie in einem Restaurant, in dem Sie japanische Speisen zu sich nehmen können?

Bestimmt denken Sie in erster Linie an Bonsai-Bäume, neutrale Töne und eine recht schlichte Ästhetik. In der Tat ist genau das der Fall. Denn die japanische Dekoration weiß es, mit einem schlichten Design auf sich aufmerksam zu machen und Akzente zu setzen, ohne zu viel Raum einzunehmen und somit zu erdrücken.

Das japanische Wort „Ma" beschreibt genau diese Tatsache sehr gut. Denn in die deutsche Sprache übersetzt bedeutet dieses so viel wie „Lücke", „Raum", „Pause", „Abstand". Somit findet das Wort „Ma" in Zusammenhang mit dem japanischen Minimalismus seine Anwendung.

Wie Sie sich bereits denken können, bezieht sich der Minimalismus dabei nicht nur auf die Dekoration. Die japanisch-typische Dekoration stellt schlicht und ergreifend ein gutes Beispiel dar, um zu demonstrieren, wie Menschen den Minimalismus in Japan leben.

Der Sinn und Zweck hinter dem japanischen Minimalismus besteht darin, das Vorhandene durch das Nichtvorhandene hervorzuheben.

Doch welche Ansätze verfolgt der japanische Minimalismus? Wie hilft Ihnen diese Art des Minimalismus, in Ihrem Leben aufzuräumen und den Platz, den Sie haben, besser zu verwenden? In diesem Zusammenhang können Sie sich an den folgenden Aspekten orientieren, die im Zusammenhang mit dem japanischen Minimalismus stehen:

Entrümpeln

Räumen Sie alles weg, was Sie nicht wirklich brauchen. Wenn Sie Dinge nicht glücklich machen und Sie diese nicht verwenden, ist es unsinnig, sie zu behalten. Fangen Sie dabei klein an und beschränken Sie sich auf einen bestimmten Bereich, in dem Sie entrümpeln wollen, um so mehr Ordnung in Ihrem Leben zu schaffen. Es wirkt befreiend, wenn Sie sich nicht mehr viele Gedanken darüber machen müssen, die Dinge zu reinigen und aufzuräumen, wenn Sie diese ohnehin nie nutzen. Sie schaffen somit nicht nur Platz und Freiraum in Ihrer Wohnung, sondern auch Platz und Freiheit in Ihrem Denken.

Miniaturisieren

Wussten Sie, dass sich die Wohnungen in Japan durch eine sehr kleine Größe auszeichnen? Oft müssen Menschen auf einem sehr kleinen Wohnraum zurechtkommen und dennoch scheinen sie ausreichend Platz zur Verfügung zu haben. Woran liegt das? Die Antwort auf diese Frage findet sich in der Tatsache des Miniaturisierens wieder.

Da die Wohnungen, vor allem in und rund um Tokio, nur sehr wenig Platz und Stauraum bieten, besitzen die Menschen schlicht und ergreifend weniger. Sie haben keinen Platz für unendlich viele Küchen- und Haushaltsgeräte, besitzen nicht viele Kleidungsstücke und greifen in vielen Fällen auf kleinere Versionen von großen Geräten zurück.

Die Veränderung des Raums im Laufe des Tages

Im Laufe des Tages verändern Menschen in Japan oft ihren Raum. Das heißt nicht, dass Sie viele Stunden Ihres Lebens damit verbringen müssen, Möbel zu verrücken und zu verschieben, sondern vielmehr, dass Sie den Raum an die jeweilige Tageszeit anpassen.

Ein gutes Beispiel dafür stellt die Benutzung eines Bettes dar. In der Regel nutzen Menschen ein Bett nur in der Nacht, sodass es über den Tag hinweg viel Platz raubt. Gepaart mit der Tatsache, dass japanische Wohnungen oft nur einen kleinen Wohnraum bieten, lädt das dazu ein, das Bett tagsüber so verschwinden zu lassen, dass es nicht mehr viel Platz in Anspruch nimmt. So könnten Sie sich vielleicht ein Bett anschaffen, welches in der Wand verschwindet oder es in eine Garderobe verwandeln. Es gibt diesbezüglich sehr viele Methoden und Möglichkeiten, die Sie nutzen und umsetzen können.

Alles hat seinen Platz

Ein Mittel, das Ihnen dabei hilft, den Überblick zu wahren und minimalistischer zu leben, ist, jedem Gegenstand und jedem Produkt einen festen Platz in Ihrer Wohnung zu geben. Das heißt nicht, dass Sie die Dinge in ihrer Stellung und Lage nicht verändern dürfen. Doch wenn Sie erst einmal einen Platz für Gegenstände gefunden haben, sollten Sie den Gegenstand auch dort lassen, um Ordnung zu halten.

Neutrale Töne

Der Minimalismus bezieht sich, wie Sie inzwischen schon wissen, auf die unterschiedlichsten Bereiche des täglichen Lebens. Sie können den Minimalismus überall leben, wo Sie wollen, sodass Sie den minimalistischen Ansatz unter anderem auch bezüglich der Farben, die sich in Ihrer Wohnung wiederfinden, leben können.

Greifen Sie aus diesem Grund auf eine neutrale Farbpalette zurück und halten Sie das Design in Ihren eigenen vier Wänden so neutral wie möglich. Lassen Sie ausreichend Sonnenlicht in Ihre Wohnung, sorgt die Sonne dafür, Ihrer Wohnung eine ganz besondere Atmosphäre zu verleihen und für eine tolle Optik zu sorgen.

In der Regel finden sich in japanischen Haushalten in diesem Zusammenhang nicht nur ruhige und neutrale Farben, sondern auch Materialien wie Naturfasern, Wolle und Baumwolle wieder. Der Schwerpunkt liegt in diesem Fall auf dem Naturmaterial Holz.

Alles in allem stellt die Natur im Rahmen des japanischen Minimalismus eine wichtige Inspirationsquelle für die Innenausstattung einer Wohnung dar.

Der skandinavische Minimalismus

Sie haben nun erfahren, was der japanische Minimalismus ist und welche Ansätze er verfolgt. Sie werden nun auch feststellen können, dass sich der japanische und der skandinavische Minimalismus in vielen Bereichen ähneln und ähnliche Ansätze verfolgen.

Waren Sie schon einmal in Skandinavien und haben dort einen Haushalt besucht? Vielleicht haben Sie bereits einmal einen skandinavischen Haushalt gesehen, ohne je in Skandinavien gewesen zu sein. Möglicherweise waren Sie bereits in dem bekannten schwedischen Möbelhaus und haben dort erstaunt festgestellt, dass viele der dargestellten Einrichtungen durch eine gelungene Kombination aus Einfachheit, Funktionalität und schöner Optik überzeugen.

Alles in allem steht das skandinavische Design unter dem Zeichen des Minimalismus, da es für ein allgemein sehr ruhiges Bild sorgt. Dabei setzt der Ansatz des skandinavischen Minimalismus darauf, eine Einrichtung zu schaffen, die ihre Funktion erfüllt, gleichzeitig jedoch aus einem bestimmten Grund im Wohnraum vorhanden ist. Die Einrichtung vermittelt den Bewohnern des Wohnraums ein Gefühl der Wärme und der Geborgenheit, ohne sich aufzudrängen und zu viel Platz einzunehmen.

Das skandinavische Design zeichnet sich durch klare, weiche Linien aus, die Ruhe, Klarheit und Wärme vermitteln. Das trifft auch auf den japanischen Minimalismus zu, doch der Unterschied zwischen dem japanischen und dem skandinavischen Minimalismus besteht unter anderem darin, dass der skandinavische Ansatz durchaus Farben in die Einrichtung integriert. Diesbezüglich setzt diese Art des Minimalismus vor allem auf subtile Pastelltöne sowie Blau-, Creme- und Grautöne.

Der skandinavische Minimalismus setzt in diesem Zusammenhang vor allem auf viel Raum, der mit wenig Möbeln ausgestattet ist. Dabei spielen vor allem die Einfachheit, die Reinheit und die Ruhe eine tragende Rolle. Auf der einen Seite steht die Funktionalität und auf der anderen Seite der Komfort. Beide Aspekte vereinen sich unter dem Blickwinkel des skandinavischen Minimalismus.

Wie Sie also sehen, weisen die beiden Ansätze viele Ähnlichkeiten auf. Wenn Sie minimalistisch leben wollen, werden Sie feststellen, dass viele Ansätze ineinander überlaufen und dass es im Grunde genommen unendlich viele Formen des Minimalismus gibt. Denn jeder Mensch setzt den Minimalismus anders um und lebt ihn somit auch auf eine andere Art. Man könnte also auch so weit gehen und sagen, dass jeder Mensch eine ganz individuelle und eigene Form des Minimalismus lebt.

Was brauchen Sie wirklich zum Leben?

Eine wichtige Frage, die Sie sich in Bezug auf den Minimalismus stellen sollten, ist, wie viel Sie wirklich zum Leben brauchen. Wie viel brauchen Sie wirklich, um ein schönes, glückliches und erfülltes aber gleichzeitig auch minimalistisches Leben zu führen? Gibt es möglicherweise Listen, an denen Sie sich orientieren können? Helfen Ihnen diese Listen dabei, Ordnung in Ihr Leben zu bringen und den Konsum einzuschränken sowie den Überfluss zu minimieren?

Sicherlich können Sie sich anhand einiger Listen orientieren und diese nutzen, um all die Dinge, die Sie besitzen, zu minimieren. Allerdings sollten Sie sich im Rahmen des Minimalismus in erster Linie darüber bewusstwerden, dass Sie ganz alleine entscheiden, in welchen Bereichen und inwiefern Sie den Minimalismus umsetzen und leben wollen. Denn es bringt Ihnen nichts, ein Leben im Minimalismus zu leben, wenn Sie sich nicht wohl mit den Dingen fühlen, die Sie besitzen, nachdem Sie ausgemistet haben. Sie müssen den Minimalismus in erster Linie wollen, um anschließend voll und ganz hinter ihm stehen zu können.

Bevor Sie mehr darüber erfahren, was Sie wirklich für ein glückliches und erfolgreiches Leben brauchen, ist es wichtig, dass Sie sich darüber klarwerden, dass ein erfolgreiches und glückliches Leben nicht auf der Anzahl an Dingen basiert, die Sie besitzen. Zwar scheint es in der heutigen Leistungsgesellschaft ein Muss zu sein, Statussymbole, wie ein großes Haus oder ein großes Auto, zu besitzen, allerdings schenken uns diese Statussymbole weder Glück noch Erfolg oder Zufriedenheit. Was uns Zufriedenheit und somit ein glückliches und erfülltes Leben schenkt, ist unsere innere Einstellung.

Denn die innere Einstellung spielt eine sehr große Rolle, um sich mit all dem, was Sie haben, gut zu fühlen und nicht immer nach mehr streben zu wollen. Am Streben nach mehr ist an und für sich nichts verkehrt und somit auch nichts auszusetzen, doch wenn Sie zu viele Dinge besitzen, ist es durchaus möglich, dass Sie unter der Wucht dieser Dinge untergehen und sich nicht mehr auf das Wesentliche in Ihrem Leben konzentrieren können.

Je mehr Dinge Sie besitzen, umso mehr müssen Sie sich um diese Dinge kümmern. Daraus folgt natürlich auch, dass Sie deutlich mehr Zeit aufbringen müssen, was bei Ihnen das Gefühl der Einengung und auch der Erdrückung hervorrufen kann.

Auf den ersten Blick mag es Ihnen vielleicht paradox erscheinen, doch wenn Sie sich einmal etwas mehr mit dem Minimalismus und seinem Konzept sowie den vielen unterschiedlichen und teilweise auch sehr individuellen Auslegungen beschäftigt haben, werden Sie feststellen, dass Leere nicht immer negativ sein muss. Dass wir so empfinden, basiert zu einem großen Teil auf der negativen Bedeutung, die die Gesellschaft dem Wort „Leere“ gegeben hat.

Versuchen Sie, anstelle von „Leere“ aus diesem Grund einfach einmal das Wort „Platz“ zu nutzen. Das Wort „Platz“ hat einen vollkommen anderen Effekt und bringt deutlich weniger negative, dafür aber sehr viel mehr positive Schwingungen mit sich und wird von vielen Menschen als gut empfunden.

Um sich in einer Wohnung und im Leben allgemein wohlfühlen zu können, müssen die Wände nicht vollgestellt sein. Nicht an jeder Stelle muss etwas stehen, um eine Oase des Wohlfühlens und der Entspannung zu schaffen. Genau das Gegenteil ist oft der Fall. Befinden sich zu viele Dinge in einer Wohnung, wirkt das oft erdrückend und bietet keine Luft zum Durchatmen.

Demnach spielt die Frage danach, was Sie im Leben wirklich brauchen, eine wichtige Rolle und nimmt in Bezug auf den Minimalismus eine zentrale Position ein.

Denn Sie besitzen nicht nur die Dinge in Ihrem Leben, sondern in einer gewissen Art besitzen auch die Dinge Sie. Früher oder später werden Sie zum Sklaven der Dinge, die Sie ansammeln und zu denen Sie immer wieder neue Dinge hinzufügen. Der Kredit für das Haus und für das Auto will abbezahlt werden. Die Deko muss immer wieder vom Staub befreit werden. Um unter den vielen Gegenständen das Teil zu finden, nach dem Sie suchen, brauchen Sie Zeit. Wie Sie sehen, besitzen die Dinge unter anderem auch Sie, was zur selben Zeit bedeutet, dass die Dinge auch Ihr Leben bestimmen. Werden Sie sich darüber bewusst, dass Sie keine Marionette sind, die von den Konsumgütern geleitet werden sollte, sondern dass Sie der Hauptdarsteller Ihres Lebens sind und die Schnüre für ein selbstbestimmtes, freies und glückliches Leben durchtrennen müssen.

An dieser Stelle ist es allerdings erneut wichtig zu erwähnen, dass das nicht bedeutet, dass Sie alle Gegenstände wegwerfen müssen und nichts mehr in Ihrer Wohnung stehen haben dürfen. Sie müssen Ihre Räume nicht vollkommen ausmisten und am Ende eine leere Wohnung besitzen.

Doch es ist wichtig, dass Sie klar Schiff machen und sich darüber bewusstwerden, welche der vielen Dinge, die Sie besitzen, Sie tatsächlich brauchen. Was nützt Ihnen und was raubt Ihnen im Gegensatz dazu nur Zeit, Aufwand und Energie? Haben Sie das Gefühl, sich von bestimmten Dingen einfach nicht trennen zu können, zwingen Sie sich nicht dazu. Der Minimalismus soll Sie nicht in eine persönliche Krise drängen oder Ihnen Stress machen – vielmehr soll er Ihnen dabei helfen, ein entspannteres, freieres und somit glücklicheres sowie selbstbestimmteres Leben zu führen.

Sehen Sie die Dinge, von denen Sie sich trennen, nicht als Verlust an, sondern betrachten Sie das Ausmisten einmal aus einem anderen Blickwinkel heraus. Jedes Ding, von dem Sie sich trennen, stellt eins weniger dar, um das Sie sich kümmern müssen und das Ihnen somit Zeit, Aufwand und Energie raubt.

Warum besitzen wir überhaupt so viel?

Eine fundamentale Frage, die Sie sich selbst stellen müssen, bevor Sie dazu bereit sind, auszumisten und sich demnach von Dingen zu trennen, ist die Frage, wieso Sie überhaupt so viel besitzen. Warum horten Menschen Dinge und wieso verspüren sie den Drang danach, immer mehr Gegenstände zu kaufen, die sie eigentlich nicht brauchen und für die sie keine Verwendung haben? Die Antwort auf diese Frage liegt nicht selten in der Psyche des Menschen.

Natürlich spielt die Werbung, die Sie umgibt, eine sehr große Rolle. Denn die Werbung gibt Ihnen immer wieder das Gefühl, bestimmte Dinge zu brauchen und kein glückliches und erfülltes Leben führen zu können, wenn Sie sich die Produkte, die die Werbung bewirbt, nicht kaufen.

Doch dass Sie auf diese Werbung anspringen, hat nicht nur mit der Strategie zu tun, die bei der Werbung ihre Anwendung findet. Sicherlich macht die Strategie einen großen Bestandteil aus und ist zu einem großen Teil dafür verantwortlich, dass Sie sich zum Kauf bestimmter Dinge verleitet fühlen. Doch auch Ihre innere Einstellung und Ihr inneres Wohlbefinden tragen dazu bei, ob Sie sich Dinge kaufen oder nicht.

Nicht selten kaufen Menschen viele Dinge, um eine innere Leere, die sie verspüren, zu füllen. Genau an dieser Stelle sehen Sie, wieso das Wort „Leere" so negativ behaftet ist. Eine innere Leere zu verspüren, stellt absolut kein schönes Gefühl dar, weshalb Menschen oft abweisend und nicht sonderlich offen und positiv auf das Wort „Leere" reagieren.

Wieso kaufen Menschen also immer mehr Sachen und horten diese, auch wenn sie sie im Anschluss daran kaum oder gar nicht mehr nutzen? Ganz einfach aus den folgenden Gründen:

- Dinge geben ein augenscheinliches und trügerisches Gefühl der Sicherheit.
- Sachen, die Menschen konsumieren und kaufen, sollen ein inneres Gefühl der Leere füllen.
- Viele Menschen gehen shoppen, wenn sie sich nicht gut fühlen und sich gerne wieder gut fühlen wollen. Sie versuchen durch das Shoppen kurzfristig Glückshormone freizusetzen und sich anschließend gut zu fühlen. Allerdings hält

dieses gute Gefühl oftmals nicht lange an und die Dinge geraten irgendwann in Vergessenheit und stellen somit nur ein zusätzliches Gewicht dar.

Wenn Sie sich also darüber bewusstwerden, dass Sie sich viele Dinge kaufen, weil Sie denken, damit ein Gefühl der Leere füllen und sich das Glück und die Erfüllung in Ihrem Leben kaufen zu können, haben Sie eine sehr wichtige Erkenntnis gemacht, um in Ihrem Leben auszumisten. Das trifft dabei allerdings nicht nur auf die materiellen Dinge, sondern auf alle Bereiche Ihres täglichen Lebens zu.

Fragen, die Sie sich stellen sollten

Es gibt niemanden, der für Sie bestimmen und festlegen kann, welche Dinge Sie tatsächlich zum Leben brauchen und welche Dinge überflüssig sind und nur ein störendes Gewicht für Sie und Ihr Leben darstellen. Sie ganz alleine sind dazu in der Lage und auch dazu berechtigt zu bestimmen, was Sie in Ihrem Leben brauchen und wovon Sie sich trennen können.

Sicherlich gibt es einige Listen, die Sie auch weiter unten in diesem Buch bekommen werden, doch Sie ganz alleine bestimmen für Ihr Leben und tragen die Verantwortung für ein glückliches und erfülltes Leben. Aus diesem Grund ist es wichtig, dass Sie sich überlegen, was Ihnen einen Mehrwert bringt und was Ihnen wirklich Glück und Freude bereitet.

Wahres Glück und wahre Freude hängen dabei nicht von den Dingen, die Sie besitzen, ab, sondern ein wirklich glückliches und erfülltes Leben kommt von Innen. Ihre innere Einstellung bestimmt, wie glücklich Sie sind und wie erfüllt Sie sich in Ihrem Leben fühlen.

Einige Fragen, die Ihnen dabei helfen herauszufinden, was Sie wirklich im Leben brauchen und in welchen Bereichen der Bedarf danach besteht, auszumisten, stellen die folgenden dar:

- Welche Freundschaften brauchen Sie?
- Worauf legen Sie in Ihrem persönlichen Netzwerk Wert?
- Was brauchen Sie von Ihren Freunden und Verwandten?
- Sind Sie von Menschen umgeben, die Sie verstehen und Sie in dem, was Sie machen, unterstützen?
- Hören Ihnen die Menschen in Ihrem Umfeld zu?
- Fühlen Sie sich wohl?

Diese Fragen können Sie sich natürlich nicht nur in Bezug auf Freundschaften stellen, sondern Sie sie genauso auf andere Bereiche Ihres Lebens übertragen. Wichtig ist jedoch, dass Sie nicht in allen Bereichen gleichzeitig ausmisten wollen, sondern einen Bereich nach dem anderen angehen und mit dem Bereich starten, in dem Ihnen das Ausmisten am leichtesten fällt.

Übernehmen Sie sich nicht direkt, sondern fangen Sie klein an, um sich dann nach und nach immer weiter nach vorne arbeiten zu können.

So können Sie sich unter anderem auch die folgenden Fragen stellen:

- Brauche ich diese Urlaubsreise wirklich oder renne ich eigentlich nur vor einer Sache weg, mit der ich mich nicht auseinandersetzen und beschäftigen möchte?
- Brauche ich ein All-inclusive-Hotel, wenn ich ohnehin nur zum Schlafen im Hotel sein werde?
- Brauche ich immer die neueste Kleidung oder kann ich auch Second-hand kaufen?
- In welcher Kleidung fühle ich mich wohl? Folge ich bestimmten Moden vielleicht nur, weil sie „in“ sind und weil ich mit dazugehören will? Trage ich vielleicht auch Kleidung, die mir nicht gefällt oder in der ich mich nicht wohlfühle?
- Welche Hobbys bereiten mir wirklich Freude?

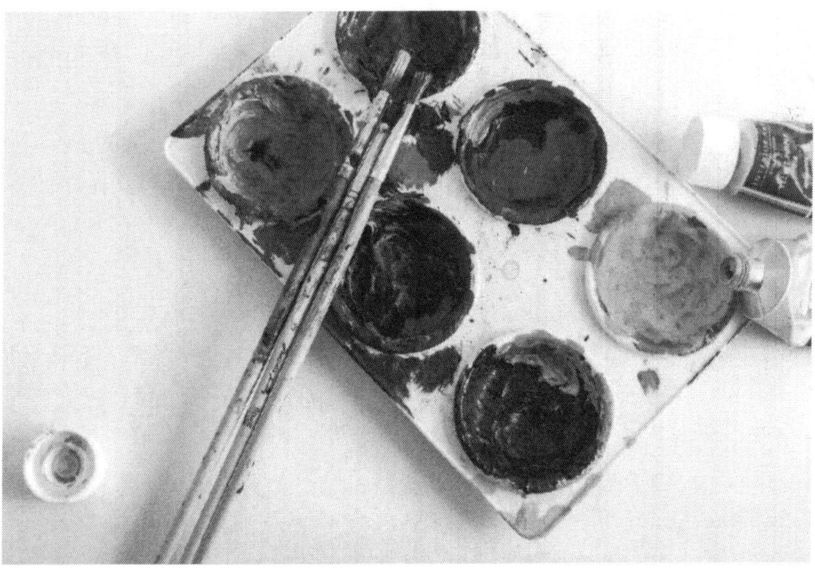

Diese Fragen sind ein gutes Beispiel dafür, dass Sie sich diese in jedem Bereich Ihres Lebens stellen können. Zudem zeigen diese Fragen auch gut, dass der Konsum sehr oft in einem engen Zusammenhang mit einer inneren Unzufriedenheit steht und Menschen versuchen, sich von Dingen abzulenken, mit denen sie sich nicht auseinandersetzen wollen.

Somit kann durchaus gesagt werden, dass der Minimalismus Menschen dabei hilft, sich mit ihren Problemen auseinanderzusetzen und mehr zu sich selbst zu finden. Unter all den Dingen, die Menschen ansammeln und anhäufen, versteckt sich das wahre Ich, das eigentlich nur gesehen und beachtet werden möchte. Je mehr Sie die Dinge, die das Problem überhäufen und somit verdecken zu scheinen, wegräumen und entsorgen, umso mehr setzen Sie sich mit Ihrem Inneren, Ihrer Einstellung und somit auch mit Ihrer Persönlichkeit auseinander.

Es wirkt unheimlich befreiend, Dinge auszumisten und festzustellen, dass Sie eigentlich gar nicht so viel brauchen, um ein schönes, glückliches und erfülltes Leben zu leben.

Bedürfnisse können sich ändern

Mit der Frage, was Sie in Ihrem Leben wirklich brauchen, geht die Tatsache einher, dass sich Bedürfnisse von Menschen in verschiedenen Lebenslagen und auch in unterschiedlichen Altersstufen immer wieder ändern können. Deshalb ist es auch wichtig, dass Sie sich die oben aufgezeigten Fragen immer wieder stellen und jedes Ding, das Sie besitzen, somit ab und zu auf den Prüfstand stellen.

Nicht selten kommt es vor, dass Sie zum jetzigen Zeitpunkt einen bestimmten Gegenstand oder eine bestimmte Beziehung brauchen und wollen, später jedoch feststellen, dass Sie genau diesen Bereich in Ihrem Leben nicht mehr wollen, weil er Ihnen kein Glück, keine Freude und auch keine Erfüllung bringt.

Lassen Sie nicht von den Dingen los, sondern tragen Sie sie durch das Leben, kommt es genau zu dem Phänomen, das der Minimalismus verhindern möchte: Sie sammeln Dinge an und stopfen sich das Haus oder die Wohnung von oben bis unten mit Dingen voll, die Sie nicht mehr brauchen und die somit eigentlich nur ins Gewicht fallen.

Das Loslassen von Dingen fällt vielen Menschen unter anderem aus dem Grund so schwer, weil Menschen Probleme damit haben, die Vergangenheit loszulassen. An und für sich ist das nicht schlimm und viele Menschen kämpfen damit, die Vergangenheit hinter sich zu lassen.

Nicht selten steckt hinter dieser Schwierigkeit, die Vergangenheit nicht loslassen zu können, das Bedürfnis nach Sicherheit und die Angst davor, sich auf neue Dinge einzulassen. Werden Sie sich aus diesem Grund darüber bewusst, wieso es Ihnen so schwerfällt, mit der Vergangenheit abzuschließen und sie loszulassen.

Was fühlen Sie? Was brauchen Sie in diesem Moment?

Sie leben in einer Leistungsgesellschaft, in der sehr viel Druck auf Ihnen lastet und in der Sie in Kontakt mit sehr viel Stress kommen, sodass Sie oft den Kontakt zu sich selbst verlieren. Sie nehmen Ihre Gefühle nicht wahr, unterdrücken sie und versuchen diese Leere im Anschluss daran durch Konsum zu füllen.

Allerdings hält dieses Gefühl der Zufriedenheit und der Befriedigung nicht lange an, weshalb es für Sie, Ihr Leben und Ihr Glück deutlich wichtiger ist, erneut in Kontakt mit Ihren Bedürfnissen und Wünschen zu treten. Fragen Sie sich, bevor Sie sich einen neuen Gegenstand kaufen, immer, wieso Sie ihn kaufen wollen. Was steckt hinter dem Verlangen danach, sich den Gegenstand zu kaufen? Brauchen Sie den Gegenstand wirklich oder wollen Sie mit dem Kauf nur ein nicht gelebtes und nicht wahrgenommenes Gefühl ersetzen und stillen?

Treten Sie in Kontakt mit sich selbst und stellen Sie sich die Frage danach, was Sie wirklich wollen und brauchen. Was fühlen Sie? Lassen Sie im Alltag beispielsweise Gefühle nicht zu oder haben Sie schlicht und ergreifend keine Zeit, weil Ihnen Ihre vollgestopfte To-Do-Liste nicht die Möglichkeit gibt, sich Zeit für sich selbst zu nehmen, wollen Sie diese Leere und mangelnde Zeit durch Konsum füllen.

Natürlich trifft das nicht auf alle Dinge zu, die Sie kaufen. Es gibt selbstverständlich Dinge, die Sie brauchen, sodass Sie nicht aus jeder Anschaffung ein Sparprojekt machen müssen. Brauchen Sie Dinge, ist es richtig und wichtig, dass Sie sich diese kaufen. Prüfen Sie allerdings im Voraus, ob und, wenn ja, inwiefern Sie diese wirklich brauchen.

Das brauchen Sie wirklich!

Wie schon erwähnt, kann Ihnen keine Liste und auch kein Ratgeber ganz genau sagen, was Sie im Leben brauchen und worauf Sie am besten verzichten sollten. Dennoch können Sie sich durchaus an einigen Stichpunkten aus Listen orientieren, die Ihnen dabei helfen sollen, sich einen Überblick über die Dinge zu verschaffen, die Sie in Ihrem Leben brauchen.

Rufen Sie sich dabei immer wieder vor Augen, dass es nicht nur den radikalen Minimalismus gibt, sondern dass sich der minimalistische Ansatz in viele unterschiedliche Typen aufteilt. Sie müssen Ihr Leben nicht von einem auf den anderen Tag radikal umkrempeln, auch wenn das für einige Menschen genau den richtigen Weg darstellt. Während einige Menschen einen neuen Lebensweg nur radikal gehen können, brauchen andere Menschen Zeit, um sich Schritt für Schritt an neue Umstände und Ansätze gewöhnen zu können. Weder die eine noch die andere Herangehensweise ist in dieser Hinsicht falsch oder richtig.

Bereits der kleinste Schritt, den Sie hin zum Minimalismus machen, ist ein wichtiger. Gehen Sie Ihr ganz eigenes Tempo und treffen Sie Ihre ganz individuellen Entscheidungen im Hinblick auf den Minimalismus und ein minimalistisches Leben.

Um die Frage danach, was Sie im Leben wirklich brauchen, selbst für sich beantworten zu können, erhalten Sie hier nun ein paar Listen, die Sie als nützliche Orientierung verwenden können. Die Listen sollen Ihnen den Einstieg in ein minimalistisches Leben erleichtern und Ihnen dabei helfen, selbst eine Antwort auf die Frage zu finden, was Sie im Leben wirklich brauchen.

Behalten Sie, bevor Sie Punkte dieser Liste in Ihr Leben integrieren und auf Ihre Lebensumstände anpassen, immer folgende Punkte im Hinterkopf:

- Die Liste dient lediglich als Anregung.
- Jeder Mensch hat andere Wünsche und Bedürfnisse.
- Was für einen Menschen funktioniert, funktioniert nicht automatisch auch für einen anderen.
- Nehmen Sie die Liste nicht als einzigen Anhaltspunkt, sondern passen Sie die Punkte auf Ihre persönlichen Lebensumstände an.
- An und für sich gilt die Regel, dass alle Dinge, die Sie über 12 Monate lang nicht genutzt haben, wegmüssen. Denn wenn Sie eine Sache über 12 Monate lang nicht nutzen und nicht einmal an sie denken, zeugt das davon, dass Sie sie nicht wirklich in Ihrem Leben brauchen.

Möbel

Der erste Bereich, der eine wichtige Rolle in Ihrem täglichen Leben spielt, stellt jener der Möbel dar. Schließlich verbringen Sie einen großen Teil Ihres Lebens in Ihren eigenen vier Wänden. Eine umso wichtigere und größere Rolle spielt es aus diesem Grund, dass Sie sich in Ihrer Wohnung wohlfühlen und sich nicht unter der Wucht vieler unnützer und unnötiger Dinge erdrückt fühlen.

Welche Möbel brauchen Sie also wirklich im Leben? Unter anderem besitzen Menschen, die einen minimalistischen Lebensstil leben, die folgenden Möbel:

- Tisch(e) – ein Tisch kann dabei auch vielseitig genutzt werden, sodass ein Tisch beispielsweise gleichzeitig als Ess-, Schreib- und Couchtisch dienen kann.
- Sofa oder eine andere Sitzmöglichkeit, wie zum Beispiel ein großer Sitzsack.
- Fernseher – auch wenn immer mehr Menschen auf einen Fernseher verzichten.
- Kleiderschrank oder eine andere Aufbewahrungsmöglichkeit für Kleidungsstücke und andere Utensilien. Je nachdem, wie viel Sie besitzen, bietet es sich an, sich zum Beispiel ein Bücherregal oder auch eine Kommode sowie einen Badschrank oder eine Ablage für Dokumente und Unterlagen anzuschaffen.
- Bett(en) – Sie und jedes andere Familienmitglied im Haushalt brauchen ein Bett. Bekommen Sie oft Besuch, ist es unter anderem eine Überlegung wert, sich ein Gästebett anzuschaffen oder beim Kauf auf eine Schlafcouch zurückzugreifen.
- Elektrische Geräte, wie zum Beispiel einen Kühlschrank, eine Waschmaschine, eine Spülmaschine...
- Möbel für den Garten oder auch für den Balkon.

Behalten Sie immer im Hinterkopf, dass es beim minimalistischen Lebensstil nicht darum geht, so wenig wie möglich zu haben, sondern die Dinge zu besitzen, die Sie brauchen, um ein gutes und erfülltes Leben zu leben.

Kleidung, Accessoires und Schuhe

Es gibt vor allem unter Frauen das bekannte Vorurteil, auf ein negatives Erlebnis hin Schuhe kaufen zu gehen und so wieder glücklich werden zu können. Die Frage, die sich dabei jedoch stellt, ist, wie viel davon Sie wirklich brauchen.

Natürlich kommt es immer auf Sie, auf Ihren Stil und auf Ihre persönlichen Wünsche an, welche Kleidung Sie sich kaufen, doch mit dieser Liste bekommen Sie eine Orientierung bezüglich der Anzahl bestimmter Kleidungsstücke.

Ganz gemäß einem minimalistischen Lebensstil brauchen Sie unter anderem die folgenden Kleidungsstücke:

- Unterwäsche und Socken (je nachdem, wie oft Sie waschen, brauchen Sie mehr oder weniger Unterwäsche und Socken. Ein Richtwert, an dem Sie sich orientieren können, ist eine Woche).
- Zwischen 3 und 5 Hemden (circa ein Hemd pro Arbeitstag).
- Wenn Sie Sport machen, eine Sportausrüstung für jedes Training in der Woche.
- Gemütliche Kleidung und Schlafanzüge zum Schlafen und Entspannen.
- Mäntel in zwei Farben, damit Sie für alle Outfits einen passenden haben.
- Zwei Jacken: eine Jacke für den Übergang und eine zweite für Regenwetter.
- Einen dicken und einen dünnen Cardigan, die Sie farblich mit allen beliebigen Outfits kombinieren können.
- Ein oder zwei Paar Stiefel für den Winter.
- Ein bis zwei Paar Sandalen für den Sommer.
- Eine Kopfbedeckung in der Form eines Hutes, einer Kappe oder auch eines Bandanas für heiße Sommertage.
- Circa drei Hosen: Jeans oder auch andere Materialien.
- Schützende Kleidung für den Winter: je 2 Schals, Mützen und Handschuhe, falls sie einmal nass werden oder in der Wäsche sein sollten.
- Zwei Paar gemütliche Schuhe, wie zum Beispiel Sneakers.
- Circa 5 dicke Oberteile, wie Pullover oder Hoodies.
- Zwei Garnituren zum Baden im Freibad, am See oder am Meer. Darunter fallen unter anderem Bikinis oder Badeanzüge, Badehosen und Badeschlappen.
- Falls Sie Röcke oder Kleider tragen, circa 3 bis 5.

Falls Sie Schmuck mögen, setzen Sie am besten, wie Sie es bei allen anderen Dingen auch machen sollten, auf Qualität anstatt auf Quantität. Ein oder zwei Paar Ohrringe sowie zwei Ketten und zwei Armbänder, die sich durch eine hohe Qualität auszeichnen und sich mit vielen Outfits kombinieren lassen, sind deutlich sinnvoller, als viele Ohrringe, Ketten und Armbänder, die Sie am Ende doch nicht nutzen.

Viele Menschen reagieren zudem nicht sehr gut auf Modeschmuck, der vor allem bei Ohrringen zu Infektionen führen kann. Alleine aus diesem Grund bietet es sich an, Schmuck nur in einer hochwertigen Qualität, dafür aber in einer geringeren Menge zu kaufen.

Wie Sie sich von Ihrer Kleidung trennen, die Sie nicht tragen und die somit nur Platz in Ihrem Kleiderschrank wegnimmt, erfahren Sie weiter unten in einem separaten Kapitel.

Hygieneartikel und Utensilien für Bad und Küche

Hygiene spielt sowohl im Bad als auch in der Küche eine sehr wichtige Rolle, weshalb Sie nicht an der falschen Stelle sparen sollen. Wobei das Wort „sparen“ hier nicht wirklich passend ist. Zwar nutzen einige Menschen den Minimalismus als Weg, um sparen zu können, doch an und für sich hat der Minimalismus selbst nichts mit Sparen zu tun. Es geht nicht darum, Geld zu sparen und zu verzichten, weil Sie kein Geld ausgeben wollen, sondern es geht darum, befreit und somit vollkommen frei von Lasten Ihr Leben bestreiten zu können.

Zu den Utensilien, die Sie für Ihre Küche und auch für Ihr Badezimmer brauchen, gehören unter anderem die folgenden:

- Reinigungsmittel: Fallen Sie dabei jedoch nicht auf das große Angebot in den Supermärkten und Drogeriemärkten herein, das Ihnen impliziert, dass Sie für jeden Raum des Hauses oder der Wohnung ein spezielles Reinigungsmittel brauchen. In der Regel reicht ein Allzweckreiniger aus, um für Hygiene im Bad und in der Küche zu sorgen. Viele Menschen, die den Minimalismus auch als Chance sehen, die Umwelt zu schützen, mixen sich Reiniger auch selbst.
- Je drei Kochtöpfe und drei Pfannen.
- Küchengeräte, die Sie für die Zubereitung Ihrer Speisen brauchen: Stellen Sie Ihre Küchenschränke nicht mit Geräten voll, die Sie nicht nutzen, sondern stellen Sie sich die Frage, welche Geräte Sie wirklich brauchen und nutzen. So brauchen einige Menschen beispielsweise einen Reiskocher, andere ein Waffeleisen, einen Toast-Maker oder auch einen Mixer.
- Die Anzahl des Bestecks sowie der Teller, Tassen, Schüsseln und Gläser richtet sich nach der Größe der Menschen, die in Ihrem Haushalt leben. Wissen Sie, dass Sie oft Besuch von Freunden oder von Verwandten bekommen, schaffen Sie sich auch für möglichen Besuch Besteck, Teller, Gläser, Tassen und Schüsseln an.
- Schaffen Sie sich Vasen sowie Obstschalen oder auch Flaschen für Öl und Essig nur an, wenn Sie diese auch wirklich brauchen. Bleibt das Öl in der Flasche, in dem Sie es kaufen, brauchen Sie keine separate Flasche, in die Sie das Öl anschließend füllen.
- Zwei Bademäntel oder Handtücher pro Person. Überlegen Sie sich im Voraus gut, ob Sie wirklich einen Bademantel brauchen.
- Einen Wasserkocher und eine Mikrowelle, falls Sie diese Geräte wirklich nutzen.

Freizeit- und Hobbyartikel

Wie Sie Ihre Freizeit gestalten und welchen Hobbys Sie nachgehen, ist ganz Ihnen persönlich überlassen. Vergessen Sie dabei allerdings nie, sich selbst immer die Frage zu stellen, ob Sie dem Hobby nachgehen, weil es Ihnen Freude bereitet oder ob Sie das Hobby ausüben, weil Sie denken, dass es „in" ist.

Zu den Hobby- und Freizeitartikeln, die Sie wirklich brauchen, gehören unter anderem die folgenden Artikel und Utensilien:

- Bücher und Zeitschriften nur in der Menge, die Sie wirklich lesen. Sammeln Sie Zeitschriften nicht über Wochen und Monate hinweg an, sondern entsorgen Sie sie, wenn Sie mit dem Lesen fertig sind und anschließend keinen Blick mehr hineinwerfen.
- Schreibwaren in der Menge, die Sie wirklich benötigen. Sie brauchen einen guten Stift zum Schreiben und ggf. einen Textmarker, ein Lineal und einen Radiergummi.
- Falls Sie Tiere haben: Tiernahrung und Tierzubehör. Viele Menschen neigen zwar dazu, ihre Haustiere zu verwöhnen, bedenken Sie jedoch immer, dass Ihr Tier nicht viel braucht, um ein gutes Leben bei Ihnen zu führen. In der Regel ist es Ihrem Tier egal, wie viel Spielzeug Sie ihm kaufen – alltägliche Gegenstände oder ein Spaziergang draußen in der Natur gestalten sich für das Tier in der Regel deutlich interessanter und spannender.
- Hören Sie in Ihrer Freizeit gerne Musik oder spielen Sie gerne Spiele am Computer, sollten Sie auf jeden Fall ein Musikabspielgerät und einen Computer oder auch eine passende Konsole besitzen. Sollten Sie über alte Radios oder auch Wecker verfügen, die Sie nicht mehr nutzen, weil inzwischen nahezu alle Smartphones oder Smart-Home-Systeme über integrierte Radiosender verfügen und für das Abspielen von Musik ausgerichtet sind, entsorgen Sie alte Radios und Wecker gnadenlos, anstatt sie aufzuheben.
- Brauchen Sie einen Drucker, einen Scanner oder ein Faxgerät für Ihren Alltag, lohnt sich die Anschaffung oder das Behalten eines solchen durchaus. Anders gestaltet sich dieser Umstand, wenn Sie nur ab und an etwas drucken oder scannen müssen. In diesem Fall bietet es sich an, sich für das Drucken bestimmter Dinge in einen Copy-Shop zu begeben.
- Passend zu Ihrem Smartphone oder zu Ihren anderen technischen Geräten brauchen Sie ein Ladekabel oder unter Umständen auch ein Verlängerungskabel und Mehrfachsteckdosen.

- Für Ihr Bett brauchen Sie zwischen zwei bis drei komplette Sets Bettwäsche. Bedenken Sie dabei auch, dass Sie mindestens eine (besser aber zwei) Garnituren für das Gästebett brauchen, sofern Sie über eines in Ihrem Haushalt verfügen sollten.
- Überlegen Sie sich bei Ihrem Hobby-Zubehör nicht nur, inwiefern Sie dem Hobby wirklich nachgehen, sondern wie viel Zubehör Sie wirklich brauchen. Brauchen Sie wirklich drei Yogamatten oder würde eine auch reichen? Brauchen Sie wirklich drei Scheren, um basteln zu können, oder reicht eine gute Schere auch aus?
- Für das Kochen in der Freizeit brauchen Sie unter Umständen einige Geräte und Utensilien. Doch nicht alle brauchen Sie zwangsläufig. Stellen Sie sich die Frage, ob Sie zum Beispiel einen Nicer Dicer oder einen Korkenzieher wirklich nutzen oder nur haben, weil es anscheinend zu einem gut ausgestatteten Haushalt dazugehört, über solche Dinge zu verfügen.
- Zwar gehören Rechnungen, Dokumente und Zeugnisse nicht direkt zu den Hobbys, dennoch stellen diese Dinge in der Regel Sachen dar, mit denen Sie sich in Ihrer Freizeit beschäftigen. Anstatt Dokumente und Rechnungen anzusammeln, entsorgen Sie Rechnungen nach circa 7 Jahren und halten Sie den Inhalt nach Bedarf digital auf dem Computer fest. Dokumente und auch Zeugnisse heben Sie auf, sofern diese relevant sind.

Hygiene- und Pflegeprodukte

Für die tägliche Pflege und Hygiene brauchen Sie einige bestimmte Utensilien. Wie viele und welche Utensilien Sie brauchen, ist allerdings von Person zu Person verschieden, sodass Sie sich immer individuell überlegen sollten, welche Utensilien Sie wirklich für Ihr tägliches Leben brauchen.

Unter anderem fallen die folgenden Produkte für die tägliche Pflege und Hygiene an:

- Alle sechs Wochen eine neue Zahnbürste oder einen neuen Aufsatz für die elektrische Zahnbürste.
- Falls Sie Mundwasser benutzen, brauchen Sie eine Flasche Mundwasser und, falls Sie gerne einen Vorrat haben wollen, eine weitere Flasche als Reserve. Dasselbe gilt für die Zahnpasta. Achten Sie auch darauf, dass die ganze Familie normalerweise eine Zahnpasta benutzen kann, Kinder in der Regel jedoch ihre eigene Zahnpasta haben.
- Für die Haarpflege fallen unter Umständen ein Föhn, ein Glätteisen oder auch ein Lockenstab an – nutzen Sie all diese Dinge nicht und lassen Ihre Haare in

der Luft trocknen, brauchen Sie eigentlich nur eine Haarbürste. Tragen Sie eine Brille, brauchen Sie in der Regel auch Brillenputztücher, um die Gläser reinigen zu können.

- Für das Waschen der Haare brauchen Sie ein Shampoo und unter Umständen eine Spülung sowie im Anschluss daran eine Pflege. Das kommt ganz auf Ihre persönlichen Angewohnheiten an.
- Nutzen Sie Cremes, brauchen Sie unter Umständen eine Creme für das Gesicht, eine Creme für den Körper und eine Sonnenschutzcreme. Einige Menschen legen auch großen Wert auf eine Pflege, die sie nach dem Sonnenbaden auf die Haut auftragen. Überlegen Sie sich vor dem Kauf von Cremes und Lotionen, ob Sie diese wirklich nutzen und, wenn ja, behalten Sie im Hinterkopf, dass Sie nicht zig unterschiedliche Duftnoten brauchen.
- Nutzen Sie zum Rasieren ein elektrisches Gerät, müssen Sie sich keinen Rasierer, keine Rasierklingen und auch keinen Rasierschaum kaufen. Nutzen Sie diese Utensilien, brauchen Sie in der Regel immer nur eine Garnitur.
- Vor allem Frauen haben gerne große Schminktaschen mit vielen Utensilien und zahlreichen Pinseln. Nutzen Sie all diese Produkte, achten Sie darauf, immer ein Produkt pro Kategorie zu haben, das Sie auch wirklich anwenden. Nutzen Sie diese Dinge nicht, kaufen Sie auch nur jene, die Sie wirklich anwenden.
- Tabletten haben ein Haltbarkeitsdatum, weshalb es nichts bringt, Ihre Hausapotheke besonders umfangreich zu gestalten. Setzen Sie die Hausapotheke nur aus den Dingen zusammen, die Sie wirklich brauchen. Haben Sie beispielsweise oft Kopfweh, gehören Kopfschmerztabletten auf jeden Fall in die Hausapotheke. Haben Sie hingegen einen Nährstoffmangel, gehören bestimmte Nahrungsergänzungsmittel mit in die Hausapotheke.

Ohne nun alle Pflege- und Hygieneprodukte aufzuzählen, achten Sie immer darauf, nur ein Exemplar pro Pflegeprodukt zu kaufen, sofern Sie es auch wirklich nutzen.

Wie schon gesagt, handelt es sich bei dieser Liste um eine reine Orientierung und eine Darstellung dessen, wie sich ein minimalistisches Leben bezüglich der materiellen Güter gestalten könnte. Am Ende kommt es jedoch darauf an, was Sie in Ihrem Leben und in Ihrem Alltag brauchen, um gut, glücklich und zufrieden leben zu können.

10 Überflüssige Sachen in unserem Leben

Sind Sie schon einmal mit offenen Augen durch Ihre Wohnung gelaufen und haben dabei einen Blick auf alle Dinge geworfen, die sich darin befinden? Haben Sie sich je die Frage gestellt, wie viele Dinge Sie besitzen, die Sie eigentlich nicht brauchen und auch nicht wirklich nutzen?

Die Frage „Brauche ich einen bestimmten Gegenstand wirklich?“ scheint auf den ersten Blick eine nicht sonderlich schwer zu beantwortende zu sein. Sieht man sich die Frage jedoch etwas genauer an, stellt man fest, dass es alles andere als leichtfällt, eine Antwort zu finden. Wieso ist das so?

Im Grunde genommen liegt es auf der Hand. Dass es uns schwerfällt zu bestimmen, ob wir einen Gegenstand oder ein Utensil wirklich brauchen, basiert auf der Tatsache, dass wir von unserer Umwelt und den Händlern ständig gesagt bekommen, dass wir ohne die Produkte nicht leben können. Uns werden Probleme eingeredet, die wir eigentlich gar nicht haben, nur damit uns im Anschluss daran Produkte verkauft werden können, die wir vorher nie gekauft hätten. Wir werden, wenn man so will, manipuliert und zum Kauf bestimmter Dinge und Produkte überredet.

So kommt es, dass jeder Mensch zahlreiche unnütze Dinge in seiner Wohnung vorfindet, die viel Platz rauben, jedoch keinen Nutzen mit sich bringen, weil sie schlicht und ergreifend keine Anwendung finden.

An dieser Stelle ist es allerdings nochmal sehr wichtig zu erwähnen, dass jeder Mensch eine andere Auffassung davon hat, was im Leben sinnvoll ist und was nicht. Jeder Mensch sieht andere Produkte als hilfreich an und fasst das Konzept, das sich hinter dem Minimalismus verbirgt, individuell auf. Jeder Mensch lebt den Minimalismus auf seine ganz eigene Art und integriert ihn somit vollkommen anders in sein persönliches Leben.

Deshalb dient die folgende Liste, die sich mit Dingen beschäftigt, die man oft besitzt, jedoch eigentlich nicht wirklich braucht, nur als Orientierung. Die Liste dient nicht dem Zweck, dass Sie nun Ihren Toaster nehmen und in den Müll schmeißen oder den Trockner verschenken. Nutzen Sie die Liste als Anlass, um auch in Ihrem täglichen Leben Achtsamkeit walten zu lassen. Beobachten Sie sich, während Sie bestimmte Produkte und Utensilien nutzen und stellen Sie sich die Frage „Brauche ich das wirklich?“ oder „Welche Alternative gäbe es zu dem Produkt/Gerät/Utensil?“

Indem Sie sich diese Fragen stellen und sich genauer mit den Gegenständen, Geräten und Utensilien in Ihrem Haushalt beschäftigen, machen Sie nach und nach all die Dinge aus, die Sie eigentlich nicht brauchen. Diese Dinge können sich auf der Liste wiederfinden oder auch nicht. Denn jeder Mensch entscheidet persönlich, welche Gegenstände er braucht und welche nicht.

Zu den Sachen, die man eigentlich nicht braucht und für die sich zahlreiche hilfreiche und gute Alternativen im Haushalt finden, gehören unter anderem:

1. Toaster
2. Sandwich-Maker und Crêpe-Maker
3. Trockner
4. Mikrowelle
5. Aluminium- und Frischhaltefolie
6. Eierköpfer
7. Apfelschälautomat
8. Spezialputzmittel
9. bereits gelesene Bücher
10. Laubsauger

Es handelt sich hier nur um eine kleine Auswahl an Dingen, die man im Haushalt eigentlich nicht braucht und auf die man somit auch gut verzichten kann. Sehen wir uns nun in den folgenden Abschnitten etwas genauer an, wieso sich diese Gegenstände und Utensilien als unnötig herausstellen und welche Alternative Sie stattdessen nutzen können.

Toaster

Es scheint sehr praktisch und einfach zu sein: Sie stehen morgens auf und haben Lust auf ein leckeres, knackiges Toastbrot.

Doch was wäre, wenn Sie anstelle eines vollkommen überflüssigen Toasters nicht nur eine, sondern sogar zwei Alternativen hätten, um sich ein leckeres, knackiges Toastbrot zuzubereiten?

Bevor Sie jedoch mehr über die beiden vorteilhaften Alternativen erfahren, stellt sich die Frage, wieso der Toaster so unnütz ist? In erster Linie deshalb, weil Sie bereits zwei Alternativen für die Zubereitung Ihres Toastbrotes haben. Dazu gesellen sich aber die folgenden zusätzlichen Aspekte:

- Ein Toaster nimmt oft viel Platz in Anspruch und braucht eine Steckdose in der Nähe, um funktionieren zu können.
- Nicht selten kommt es vor, dass Mechanismen im Toaster klemmen und das Toast somit nicht mehr aus der Öffnung springt.

- Die Krümel, die sich im Toaster ansammeln, verbrennen mit jedem Toast-Vorgang im Toaster etwas mehr. Schon bald macht sich nicht mehr der angenehme Duft des Toastbrotes breit, sondern es entsteht vielmehr ein Gestank nach Verbranntem.

Doch welche beiden Alternativen helfen Ihnen dabei, sich Ihr Brot toasten zu können? Ganz einfach: Der Backofen und die Pfanne.

Der Backofen

Heizen Sie Ihren Backofen etwas vor und legen das Toastbrot auf das Backblech (das Sie zuvor am besten mit etwas Backpapier auslegen), können Sie es ganz einfach im Ofen kross backen. Achten Sie dabei jedoch darauf, das Toastbrot immer wieder zu wenden, um so sicherzustellen, dass beide Seiten des Toastbrotes kross werden.

Die Pfanne

In der Pfanne wird das Toastbrot kross, wenn Sie es auf geringer Hitze und unter regelmäßigem Wenden kross backen lassen. Achten Sie dabei allerding darauf, dass es sich bei der Pfanne, die Sie für die Zubereitung des Toastbrotes nutzen, um eine beschichtete Pfanne handelt.

Einen großen Vorteil, die die Pfanne mit sich bringt, besteht darin, dass Sie das Toastbrot entweder rein kross backen oder auch mit etwas Butter oder Olivenöl zubereiten können. Zudem haben Sie in der Pfanne, genauso wie im Ofen, die Möglichkeit, das Toastbrot direkt zu belegen und zum Beispiel mit Käse zu überbacken. Somit entfällt auch die von Anbietern implizierte Notwendigkeit eines Sandwich-Makers. Auf den Sandwich-Maker gehen wir jedoch im nächsten Abschnitt noch etwas genauer ein.

Sandwich-Maker und Crêpe-Maker

Ein weiteres Gerät, das Menschen oft in ihrem Haushalt haben, was jedoch vollkommen überflüssig ist, stellt der Sandwich-Maker dar. Auf derselben Stufe des Sandwich-Makers befindet sich der Crêpe-Maker, der ebenfalls keinen größeren Nutzen mit sich bringt.

Viele Menschen empfinden die Geräte als äußerst hilfreich und nützlich, wenn sie schnell und ohne Probleme Crêpes und Sandwiches zubereiten wollen.

Allerdings bringen diese Geräte nicht nur den Vorteil mit sich, Crêpes und auch Sandwiches schnell zubereiten zu können, sondern sie gehen auch mit einigen Nachteilen einher. Neben der Tatsache, dass diese Utensilien etwas sperrig sind und somit viel Platz für sich in Anspruch nehmen, gehen weitere negative Aspekte mit den Geräten einher:

- Der Reinigungsaufwand fällt oft recht hoch aus.
- Die Geräte kommen nur selten zum Einsatz und sind aus diesem Grund nicht wirklich sinnvoll.

Aus diesem Grund bietet es sich für die Anwender dieser Geräte an, sich mit Alternativen zu beschäftigen, die sich besser für die Zubereitung von Crêpes und auch von Sandwiches eignen.

Eine Alternative, die sich als äußerst praktisch herausstellt, stellt die Pfanne dar. Um ein Sandwich zubereiten zu können, reicht es aus, die Toastscheiben in die Pfanne zu geben, zu belegen und dann zusammenzufügen. So entfällt nicht nur die Anwendung eines Sandwich-Makers, sondern das Sandwich kann auch mit sehr viel weniger Aufwand zubereitet werden.

Dasselbe trifft auf die Crêpes zu. Anstatt sich ein großes Gerät auf die Arbeitsfläche zu stellen, um damit die Crêpes zubereiten zu können, können Sie den Teig einfach in eine große, runde Pfanne geben und die Crêpes nach und nach darin ausbacken.

Trockner

Eine Waschmaschine erleichtert Menschen den Alltag ungemein. Niemand sagt, dass Sie auf den Komfort einer Waschmaschine verzichten müssen. Doch wie sieht es mit einem Trockner aus? Brauchen Sie wirklich ein weiteres elektrisches Gerät, das viel Platz in Anspruch nimmt, nur um Ihre Kleidung zu trocknen?

Wenn Sie eine Möglichkeit haben, die Wäsche aufzuhängen und so trocknen zu lassen, brauchen Sie nicht wirklich einen Wäschetrockner. Zumal dieser nicht nur Vorteile mit sich bringt, sondern auch einige negative Aspekte aufweist:

- Die Wäsche ist nicht immer sofort nach einem Durchgang trocken, sondern muss unter Umständen in mehreren Durchgängen getrocknet werden.
- Nicht alle Textilien können in einem Trockner getrocknet werden. Zu den Kleidungsstücken, die nicht in den Trockner gelangen dürfen, gehören unter anderem: Seide, Wolle, Kaschmir, Viskose, Polyamid, feine Dessous und BHs, Bademode, Feinstrumpfhosen etc.
- Sicherlich fällt der Stromverbrauch von Gerät zu Gerät anders aus, doch im Durchschnitt verursacht ein Trockner circa 180 Euro Stromkosten pro Jahr.

Die Alternative, die Sie zu einem Trockner haben, liegt klar auf der Hand: das Wäschegestell. Mit einem Wäschegestell hängen Sie die Wäsche einfach auf und lassen sie anschließend vom Wind oder von der Sonne trocknen.

Viele Menschen stellen sich jedoch die Frage, was sie mit großen Dingen, wie zum Beispiel einer Bettdecke, machen. Die Antwort auf diese Frage gestaltet sich recht einfach. Für diese Zwecke können Sie sich ohne Probleme an eine Wäscherei wenden, die große Trockner anbietet, um selbst große und dicke Decken zuverlässig trocknen zu können.

Mikrowelle

Ein elektrisches Gerät, das sich weiterhin in vielen Haushalten wiederfindet, stellt die Mikrowelle dar. Das basiert auf der Tatsache, dass eine Mikrowelle viele Vorteile mit sich zu bringen scheint, von denen die Anwender profitieren können. Doch um welche Vorteile handelt es sich hierbei genau? Warum greifen Menschen gerne auf die Mikrowelle zurück?

Viele Menschen nutzen die Mikrowelle, weil sie denken, so Speisen und Getränke sehr viel schneller zubereiten oder aufwärmen zu können. Einige Geräte verfügen auch über eine Auftaufunktion, die oft als äußerst positiv empfunden wird. Die Frage, die sich dabei jedoch stellt, ist: Haben Sie diese Auftaufunktion je genutzt?

Sehr viele Menschen nutzen die Mikrowelle nicht oft und, wenn sie sie nutzen, bedienen sie sich schon gar nicht der vielen unterschiedlichen Funktionen, die sie mit sich bringt.

Zumal eine Mikrowelle nicht nur positive Aspekte mit sich bringt, sondern auch mit einigen nicht zu unterschätzenden Nachteilen im Zusammenhang steht:

- Die Speisen und Getränke erwärmen sich oft nicht gleichmäßig. In vielen Fällen heizt sich sogar nur die Tasse oder der Teller auf und die Speisen oder die Getränke bleiben kalt oder werden nur lauwarm.
- Nicht selten explodieren Dinge in der Mikrowelle, sodass im Nachhinein aufwändige Putzarbeiten folgen, um das Gerät wieder sauber zu machen.
- Der Platz in einer Mikrowelle ist nur begrenzt.
- Es besteht nicht die Möglichkeit, Aromen bezüglich der Röstung zu bestimmen.

Bei den vielen negativen Aspekten, die die Mikrowelle mit sich bringt, bietet es sich an, auf die Alternativen – den Backofen und den Herd – zurück zu greifen.

Nehmen wir einmal an, dass Sie sich eine Tasse Milch warmmachen möchten. Geben Sie die Tasse mit der Milch in die Mikrowelle, laufen Sie Gefahr, dass sich die Tasse außen erhitzt, die Milch jedoch kalt bleibt.

Geben Sie die Milch jedoch in einen Topf und lassen sie langsam auf dem Herd aufheizen, wird sie gleichmäßig warm und Sie können zudem direkt etwas Honig dazugeben. Speisen können Sie in einer Pfanne oder auch in einem Topf aufwärmen und den Geschmack zudem verbessern, indem Sie etwas Butter oder Öl mit dazugeben.

Auch der Ofen bietet sich bestens an, um Speisen gleichmäßig aufzuwärmen oder auch, um sie aufzutauen. Andere Möglichkeiten, um Dinge auftauen zu können, bestehen darin, die Dinge schlicht und ergreifend rechtzeitig aus dem Gefrierfach zu holen. Wissen Sie beispielsweise, dass Sie am Abend etwas aus dem Gefrierfach essen wollen, das Produkt dafür aber zuvor auftauen müssen, nehmen Sie es einfach bereits am Vormittag aus der Gefriertruhe und lassen es langsam auftauen.

Aluminium- und Frischhaltefolie

Zugegeben, vor allem die Aluminiumfolie bringt sehr viele Vorteile mit sich, von denen Menschen in großem Maße profitieren. Aus diesem Grund findet die Aluminiumfolie auch in vielen Haushalten nahezu täglich ihren Einsatz.

Was jedoch viele Menschen nicht wissen oder nicht sehen wollen, ist die Tatsache, dass die Aluminiumfolie sehr viele Nachteile mit sich bringt. Zu diesen gehören unter anderem die folgenden:

- Die Herstellung von Aluminiumfolie bedeutet eine sehr große und nicht zu unterschätzende Belastung der Umwelt.
- Der Studie „Archives of Toxicology“ dem Bundesinstitut für Risikobewertung (BfR) zufolge scheint Aluminiumfolie nicht sonderlich gesundheitsfreundlich zu sein. Es besteht die Vermutung, dass Aluminiumfolie das Nervensystem schädigt und den Knochenstoffwechsel beeinträchtigt.
- Einige Forscher und Wissenschaftler vermuten, dass die Aluminiumfolie die Fruchtbarkeit negativ beeinflusst (laut des BfR) und auch für ungeborenes Leben negative Folgen mit sich bringen kann.

Bei den vielen Nachteilen stellt sich nun die Frage, wieso Menschen weiterhin auf die Aluminiumfolie zurückgreifen. Ganz einfach aus dem Grund, weil sie:

- schnell, einfach und vor allem flexibel zu handhaben ist und alles schützt, was in die Folie eingewickelt wird.
- vor Licht und Oxidierung schützt.
- Feuchtigkeit und Bakterien fernhält.
- den Packraum, im Gegensatz zu einer Brotzeitbox, auf ein Minimum beschränkt.

Wer nun also auf die Verwendung von Alufolie verzichten möchte, kann auf einige interessante und äußerst hilfreiche Alternativen zurückgreifen, die die Alufolie ohne Probleme ersetzen.

Zu den Alternativen gehören unter anderem die folgenden:

- Einpacken der Pausenbrote in Brotpapier.
- Verpacken von Essensresten in Brotzeitboxen, die aus verschiedenen Materialien bestehen können.
- Käseglocken, unter denen sich Essenreste oder frisch zubereitete Speisen gut aufbewahren lassen.

Eierköpfer

Essen Sie auch gerne Eier zum Frühstück oder machen sich gerne einmal ein hartgekochtes Ei zum Abendessen? Löffeln Sie Ihr Ei aus oder schneiden Sie es gerne in Scheiben, um es dann auf dem Brot zu genießen? Oder gehören Sie zu den Feinschmeckern, die sich das Brot in feine Scheiben schneiden (unter Umständen mit Butter beschmieren) und dann in den noch weichen Kern tunken?

Ganz egal, wie Sie Ihr Ei essen – wenn Sie es nicht als Rühr- oder Spiegelei in der Pfanne zubereiten, müssen Sie das Ei schälen, um es genießen zu können. Für diese Zwecke befindet sich in vielen Haushalten ein Eierköpfer. Falls Sie ein solches Utensil besitzen sollten, stellen Sie sich an dieser Stelle einmal die Frage, wann und wie oft Sie den Eierköpfer bereits genutzt haben. Nehmen Sie sich wirklich die Zeit, einen Eierköpfer anzuwenden, wenn Sie ein Ei essen wollen? Oder sind es doch eher das Messer oder der Löffel, zu denen Sie greifen, um das Ei zu köpfen oder die Schale aufzubrechen?

In der Tat bringt ein Eierköpfer keine sonderlich großen Vorteile mit sich und macht mehr Arbeit als anderes. Zwar fällt das Gerät nicht sonderlich groß aus, dennoch nimmt es im Schrank oder im Schubfach Platz weg, den Sie für andere Dinge besser nutzen könnten. Zudem haben Sie mit dem Eierköpfer ein weiteres Utensil, das Sie im Anschluss reinigen müssen.

Aus diesem Grund greifen Sie am besten auf einen Löffel oder auf ein Messer zurück und befreien das Ei somit von seinem Kopf oder von seiner Schale.

Apfelschälautomat

Wenn Sie Ihren Apfel gerne ohne Schale essen, stellt sich für Sie die Frage danach, wie Sie die Schale von der Frucht entfernen. Viele Hersteller scheinen mit einem Apfelschälautomaten die passende Antwort auf die Frage zu haben. Allerdings muss dabei immer bedacht werden, dass dieses Utensil:

- viel Platz in Anspruch nimmt.
- sich nicht sonderlich einfach in der Handhabung gestaltet.
- nur auf das Schälen von Äpfeln und nicht von anderem Obst ausgelegt ist.
- stark ins Gewicht fällt, weil es nicht selten aus schweren Materialien, wie zum Beispiel Metall oder Aluminium, besteht.

Aufgrund all dieser Nachteile, die ein Apfelschälautomat mit sich bringt, empfiehlt es sich, auf andere Alternativen zurückzugreifen. Zu diesen Alternativen gehören unter anderem:

1. Messer
2. Sparschäler

Diese beiden Utensilien bringen den Vorteil mit sich, wenig Platz in Anspruch zu nehmen und zur selben Zeit nicht nur auf das Schälen von Äpfeln ausgelegt zu sein, sondern sich auch für viele andere Obst- und Gemüsesorten zu eignen.

Spezialputzmittel

Wie oft laufen Sie durch den Supermarkt oder durch den Drogeriemarkt und sehen bei dieser Möglichkeit die vielen unterschiedlichen Putzmittel, die in den Regalen nur darauf warten, von Ihnen gekauft zu werden?

Wie oft impliziert Ihnen die Werbung, dass Sie für die Reinigung Ihres Bads, Ihrer Küche oder auch Ihres Autos ein ganz besonderes Putzmittel brauchen?

Viele Menschen haben bei sich zu Hause zahlreiche unterschiedliche Putzmittel, obwohl sie am Ende doch immer wieder beim Allzweckreiniger landen und die anderen Putzmittel im Haushaltsschrank stehen lassen.

Genau diese Tatsache, dass Menschen immer wieder auf den Allzweckreiniger zurückgreifen, bestätigt die Annahme, dass Sie die ganzen unterschiedlichen Putzmittel gar nicht brauchen.

Am besten waschen und reinigen Sie Ihre Wohnung, indem Sie auf heißes Wasser und ein bisschen Spülmittel zurückgreifen. Mit dieser Mischung reinigen Sie alle beliebigen Flächen, ohne viel Geld für Spezialputzmittel ausgeben und sich den Haushaltsschrank vollstellen zu müssen.

Neben der Mischung aus Seife und warmem Wasser bieten sich aber auch Essig oder Zitronensäure sowie ein Lappen oder ein Schwamm für die gründliche Reinigung des Haushalts an.

Bereits gelesene Bücher

Es hat durchaus seinen Charme, wenn in Wohnungen oder Häusern große Bücherregale voll mit unzähligen Büchern stehen. Doch wozu dienen diese vielen Bücher sonst noch? Sie haben Charme und sorgen für eine besondere Atmosphäre, doch was den Rest angeht, bringen sie nicht sonderlich viele Vorteile mit sich.

Vielleicht haben Sie das ein oder andere Lieblingsbuch, das Sie immer und immer wieder lesen. Doch wie viele der Bücher, die sich in Ihrem Bücherregal befinden, lesen Sie tatsächlich mehr als ein bis zwei Mal? Oft verstauben die Bücher im Bücherregal und finden somit keinen Nutzen.

Heben Sie sich einige Exemplare auf, die Sie später wieder einmal lesen wollen und die für Sie einen besonderen Wert haben, entledigen Sie sich jedoch all der anderen Exemplare. So schaffen Sie sehr viel Platz und befreien sich von vielen Staubfängern.

Um weiterhin eine große Auswahl an verschiedenen Büchern genießen zu können, können Sie an Stelle von gebundenen Büchern auf E-Books und Tablets zurückgreifen und somit eine ganze virtuelle Bibliothek mit sich herumtragen, ohne sich die Wohnung mit vielen Büchern vollstellen zu müssen.

Laubsauger

Das letzte Utensil, auf das in diesem Kapitel etwas genauer eingegangen wird, stellt der Laubsauger dar. Denn ein Laubsauger befindet sich nicht selten in Haushalten, in denen das Haus über einen Garten verfügt.

Der Sinn und Zweck hinter einem solchen Laubsauger besteht darin, die Blätter aus dem Garten oder von der Hecke zu entfernen, wobei sich dieses große und sehr platzraubende Gerät inzwischen als recht unnütz und überflüssig herausgestellt hat.

Wenn Sie so wollen, schießen Sie mit einem Laubsauger mit Kanonen auf Spatzen. Sicherlich bietet sich die Verwendung eines solchen Gerätes an, wenn viele Blätter in einem öffentlich genutzten Park liegen, doch für den privaten Gebrauch ist ein solches Gerät übertrieben.

Eine gute Alternative, anstatt mit dem Gerät auf dem Rücken dem Laub im Garten hinterherzujagen und auszusehen wie eine Person aus dem Film „Ghostbusters", stellen der klassische Rechen und Besen dar.

Sie haben damit nicht nur eine gute Alternative zum Laubsauger, sondern Sie betreiben zu derselben Zeit auch etwas körperliche Aktivität, die sich positiv auf Ihr allgemeines Wohlbefinden auswirkt.

Was kann man umsetzen?

Sie haben nun viel über den minimalistischen Lebensstil erfahren und wissen nun, wie Sie Ihr Leben minimalistisch gestalten können und welche Vorteile der Minimalismus mit sich bringt. Die Frage, die sich nun jedoch stellt, ist, wo Sie am besten anfangen. Wo starten Sie am besten, wenn Sie den Minimalismus in Ihr Leben integrieren wollen und wie gehen Sie vor?

In den nächsten Abschnitten erfahren Sie mehr über einzelne Methoden, die Ihnen dabei helfen, den Minimalismus in Ihr Leben zu integrieren, wobei es jedoch immer Ihre Entscheidung darstellt, sich zu überlegen, in welchen Bereichen Sie den Minimalismus in Ihr Leben integrieren wollen. Sie entscheiden, in welchen Bereichen Ihnen der minimalistische Lebensstil zusagt. Mit großer Wahrscheinlichkeit werden Sie den Minimalismus anschließend immer mehr in Ihr Leben lassen und immer mehr Bereiche Ihres täglichen Lebens minimalistisch gestalten.

Einige Menschen fangen gerne einfach und unkompliziert an, während andere Menschen hingegen lieber direkt mit der schwersten Herausforderung anfangen und den Minimalismus direkt im Bereich der Arbeit oder auch der Freundschaften umsetzen. Es gibt hierbei kein Richtig oder Falsch. Sie alleine entscheiden, was für Sie passt und wie Sie den Minimalismus in Ihr Leben integrieren wollen. Um Ihnen bei der Umsetzung zu helfen, können Sie sich an den folgenden Methoden orientieren.

Dazu sei aber auch gesagt, dass Sie sich nicht zwangsläufig an einer Methode orientieren müssen. Sie können auch Ihren ganz eigenen, persönlichen Weg finden, um den Minimalismus in Ihr Leben zu lassen und Ihr Leben so minimalistisch zu gestalten, wie es sich für Sie richtig und gut anfühlt. Behalten Sie dabei immer im Hinterkopf, dass es nicht darum geht, dass Sie sich zum Minimalismus zwingen. Handeln Sie aus Selbstliebe heraus und nehmen Sie sich die genannten Vorteile zu Herzen, um einen Anlass für den minimalistischen Lebensstil zu finden. Führen Sie den Minimalismus nur so weit in Ihrem Leben ein, wie es sich für Sie gut anfühlt. Es kann sein, dass eine oder auch mehr Methoden für Sie die richtigen darstellen sowie es auch der Fall sein kann, dass Sie sich mit einigen Ansätzen absolut nicht identifizieren können.

Es geht nicht darum, eine Maske aufzuziehen und eine Methode umzusetzen, obwohl sie Ihnen nicht gefällt. Vielmehr geht es darum, wieder mehr zu sich selbst, zu den wahren Wünschen und Bedürfnissen und somit auch wieder zur Selbstliebe und zum Selbstwertgefühl zu finden.

Bevor Sie nun einen Überblick über all die Methoden erhalten, die Ihnen dabei helfen können, mehr Ordnung in Ihrem Haushalt zu schaffen und den minimalistischen Lebensstil in Ihr Leben zu integrieren, ist es interessant zu wissen, was Sie mit den ganzen ausgemisteten Sachen überhaupt machen sollen. Sollen Sie die materiellen Dinge einfach wegschmeißen? Wie gehen Sie am besten damit um?

Bezüglich der Entsorgung der materiellen Dinge stehen Ihnen viele unterschiedliche Möglichkeiten zur Auswahl:

- Geben Sie Ihre Dinge in eine soziale Einrichtung in Ihrer Nähe.
- Schenken Sie die Bücher an Menschen, die gerne lesen oder stellen Sie sie in sogenannte öffentliche Bücherregale. Dort erfreuen sich dann andere Menschen an Ihren ausgemisteten Büchern.
- Verschenken Sie Ihre Sachen über das Internet oder schreiben Sie sich in einer Tauschbörse ein, wo Sie Ihre Dinge dann tauschen können.
- Informieren Sie sich darüber, ob es in Ihrer Nähe einen Second-Hand-Laden gibt, der Ihre Sachen für Sie verkauft. Einige Läden kaufen Ihnen Ihre Dinge ab, während andere für einen guten Zweck agieren und den Erlös der verkauften Dinge einem guten Zweck spenden. Es liegt dabei an Ihnen, ob Sie gerne etwas Geld für Ihre Dinge haben wollen oder ob Sie sie an Second-Hand-Läden verschenken und dazu beitragen, einen guten Zweck zu unterstützen.
- Fragen Sie Freunde und Verwandte, ob sie bestimmte Dinge brauchen könnten.
- Veranstalten Sie einen Hausflohmarkt. Achten Sie dabei jedoch darauf, nur die Sachen zum Verkauf anzubieten, die Sie wirklich verkaufen wollen.

Verzichten Sie darauf, die Dinge in einen Karton zu packen und auf dem Dachboden oder im Keller zwischenzulagern. In der Regel denken viele Menschen, dass sie bestimmte Dinge vielleicht irgendwann nochmal brauchen könnten und stellen sich Stauraum mit Kisten voll. Am Ende brauchen sie die Dinge doch nicht und haben nach Jahren wieder Arbeit damit, den Inhalt nochmal durchzusehen und anschließend alles zu entsorgen.

Zudem sollten Sie Elektroschrott und Papiermüll immer kostenlos auf dem Recyclinghof entsorgen.

Um sich nun an den genannten Tipps und Tricks orientieren zu können, müssen Sie jedoch erst einmal Gegenstände und Kleidung haben, die Sie entsorgen wollen. An dieser Stelle greifen einige Methoden und Strategien, die Ihnen genau bei diesem Vorhaben helfen können.

PROJECT 333

Kennen Sie das? – Sie stehen vor Ihrem Kleiderschrank und haben nichts anzuziehen? Sie blicken auf einen Haufen Anziehsachen und müssen dennoch jeden Morgen aufs Neue überlegen, was Sie anziehen sollen? Selbst wenn der Umfang Ihrer Auswahl der einer kleinen Boutique ähneln mag, ertappen Sie sich dabei, wie Sie eigentlich immer wieder zu denselben Kleidungsstücken zurückgreifen und viele der Dinge, die Sie besitzen, nie wirklich anziehen? In diesem Fall kann Ihnen das sogenannte Project 333 dabei helfen, Ihren Kleiderschrank auszumisten und für sich selbst herauszufinden, welche Klamotten Sie wirklich noch tragen und welche nicht.

Im Grunde genommen ist das Prinzip, das sich hinter dem Project 333 versteckt, recht einfach. Auf den ersten Blick müssen Sie nur einigen wenigen Schritten folgen und schon haben Sie Ihren großen Kleiderschrank in einen minimalistischen Kleiderschrank verwandelt. Haben Sie jedoch Ihr ganzes Leben mit einer großen Auswahl an Kleidungsstücken gelebt, wird es Ihnen auf den ersten Blick nicht sofort leichtfallen, das Project 333 umzusetzen. Aus diesem Grund erhalten Sie im Anschluss an die Erklärung, wie Sie das Project 333 in Ihrem Leben umsetzen, einige Tipps und Tricks, wie Ihnen die Umstellung von einem großen Kleiderschrank mit vielen Kleidungsstücken zu einem minimalistischen Kleiderschrank leichter gelingt.

Im Rahmen des minimalistischen Kleiderschranks zielt das Project 333 darauf ab, mit wenigen Kleidungsstücken auszukommen. Das machen Sie, indem Sie für drei Monate hinweg mit nur 33 Kleidungsstücken versuchen auszukommen. Allerdings müssen Sie dabei bedenken, dass nicht alle Kleidungsstücke zu den 33 Teilen zählen.

Zu den 33 Kleidungsstücken zählen unter anderem:

- Jacken
- Schuhe
- Taschen
- Accessoires
- Hosen
- Shirts
- Kleider
- Röcke

Ausgeschlossen von den 33 Kleidungsstücken und somit auch nicht Bestandteil der Gesamtanzahl sind hingegen:

- Unterwäsche
- Schlaf- und Sportbekleidung

- Sentimentale Schmuckstücke, wie unter anderem der Ehering

Nehmen Sie sich Zeit, um für sich genau die Kleidungsstücke zu finden, mit denen Sie die kommenden drei Monate leben wollen. Bedenken Sie dabei auch immer, dass bereits wenige Accessoires ein Outfit vollkommen anders gestalten können und Sie somit selbst mit wenigen Kleidungsstücken zahlreiche verschiedene Kombinationen genießen, in denen Sie immer eine andere Figur machen und in denen Sie sich unterschiedlichen Anlässen entsprechend kleiden.

Bedenken Sie auch immer die Jahreszeit, in der Sie sich befinden. Es bietet sich für Sie an, mit dem Project 333 immer dann zu starten, wenn eine Jahreszeit gerade angefangen hat. Sie sollten nicht in einen Wechsel der Jahreszeiten geraten und so nur 33 Sommerkleidungsstücke im Kleiderschrank hängen haben, wenn der Herbst an die Tür klopft. Wie gesagt besteht der Sinn und Zweck dieses Projektes darin, für drei Monate mit den von Ihnen ausgewählten 33 Kleidungsstücken zu leben.

Was passiert nun mit den Kleidungsstücken, die Sie zuvor aussortiert haben? Am besten packen Sie die Kleidung in Kartons. Schließlich befindet sich auch Kleidung für andere Jahreszeiten unter jener, die Sie vorerst aussortiert haben. Wenn die drei Monate vergangen sind und sich eine neue Jahreszeit ankündigt, können Sie Ihren Kleiderschrank mit den anderen Kleidungsstücken ausstatten und sich gemäß der neuen Jahreszeit kleiden.

Sie werden dabei allerdings auch feststellen, dass bestimmte Kleidungsstücke immer in dem Karton bleiben und nie ihren Weg in den Kleiderschrank finden. Bei derartigen Kleidungsstücken bietet es sich an, sie früher oder später zu entsorgen, da sie auch nur im Karton unnötig Platz wegnehmen.

Einige Dinge, die Sie bezüglich des Project 333 im Hinterkopf behalten sollten, stellen die folgenden dar:

- Wählen Sie Kleidung, mit der Sie sich nicht nur in Ihrer Freizeit, sondern auch bei der Arbeit wohlfühlen.
- Überlegen Sie, inwiefern Sie die Outfits miteinander kombinieren können, um so viele Gestaltungsmöglichkeiten wie möglich zu haben.
- Gehen Ihnen Kleidungsstücke kaputt oder sollten sie Ihnen schlicht und ergreifend nicht mehr passen, dürfen Sie diese selbstverständlich ersetzen. Entweder nehmen Sie sich ein Kleidungsstück aus dem Karton oder Sie kaufen sich etwas Neues aus dem Second-Hand-Laden, vom Flohmarkt oder aus einem Kleiderladen.

An und für sich klingt das Project 333, wie Sie sehen, nicht sonderlich kompliziert. Dennoch fällt es nicht allen Menschen leicht, die Ansätze dieses Projektes von heute auf morgen in den Alltag zu integrieren und mit nur 33 Kleidungsstücken auszukommen.

Nicht allen Menschen fällt es leicht, sich für 33 Kleidungsstücke samt Accessoires zu entscheiden und für alle Anlässe und Wetterlagen gewappnet zu sein. Für viele Menschen stellt das eine nicht zu unterschätzende logistische Herausforderung dar, die durchaus mehrere Stunden in Anspruch nehmen kann.

Aus diesem Grund erhalten Sie an dieser Stelle zuvor angekündigte Tipps und Tricks, die Ihnen dabei helfen, das Project 333 einfacher und unkomplizierter in Ihrem Alltag umzusetzen. Folgen Sie den folgenden Tipps und erleichtern Sie sich das Ausmisten Ihres Kleiderschranks ungemein:

- Räumen Sie alle Dinge aus Ihrem Kleiderschrank und breiten Sie sie anschließend auf Ihrem Bett aus.
- Nun teilen Sie die Kleidung in drei Haufen ein. Diese drei Haufen benennen Sie „Lieblingsstücke", „Kann bleiben" und „Kann weg".
- Betrachten Sie die Haufen erneut und stellen Sie sich dann die Frage, was Ihnen wirklich steht. In welcher Kleidung machen Sie eine besonders gute Figur und in welchen Stücken fühlen Sie sich wohl? Weitere Fragen, die in diesem Zusammenhang ebenfalls eine nicht zu unterschätzende Rolle spielen, sind, was zur Saison passt und was Sie die nächsten drei Monate hinweg tragen wollen. Wenn Sie sich diese Fragen stellen, kann es durchaus vorkommen, dass sich die Zusammenstellung der Haufen nochmal ändert und Sie Kleidungen auf den Haufen hin und herschieben, bis Sie den richtigen Haufen für alle Kleidungsstücke gefunden haben. Nehmen Sie sich ausreichend Zeit, um die Haufen zusammenstellen und sortieren zu können. Es ist wichtig, dass Sie die Entscheidung bewusst treffen.
- Nun suchen Sie sich aus den Lieblingsteilen 33 Stücke aus, die zur Saison passen und mit denen Sie sich in den nächsten 3 Monaten kleiden wollen. Die Stücke des zweiten Haufens verstauen Sie im Keller und die Kleidung, die sich auf dem dritten Haufen befindet, entsorgen Sie. Für die Entsorgung orientieren Sie sich am besten an den oben genannten Möglichkeiten.
- Achten Sie darauf, vor allem Basics in Ihrem Kleiderschrank zu haben, die sich allesamt gut miteinander kombinieren lassen. Es spricht nichts dagegen, ein paar besondere Dinge im Kleiderschrank zu haben, doch der Großteil des minimalistischen Kleiderschranks sollte aus Basics bestehen.

- Nehmen Sie auf jeden Fall Kleidungsstücke mit in Ihren Kleiderschrank auf, die Ihren Charakter und Ihren Stil unterstreichen. Das kann für jeden Menschen ein anderes Kleidungsstück oder auch ein Accessoire sein. Für den einen mag es die besondere Jacke, für den anderen die Sonnenbrille und für wieder einen anderen der Gürtel sein.

20 Tage Minimalismus Challenge

Eine Challenge, die Ihnen vor allem am Anfang dabei helfen kann, den minimalistischen Lebensstil in Ihr Leben zu integrieren, stellt die sogenannte 20 Tage Minimalismus Challenge dar. In 20 Tagen lernen Sie, wie Sie den Minimalismus in unterschiedliche Bereiche Ihres Lebens integrieren.

Diesbezüglich beschäftigt sich die 20 Tage Minimalismus Challenge mit vier Bereichen, mit denen Sie sich jeweils 5 Tage lang auseinandersetzen. Bei den vier Bereichen handelt es sich dabei um die folgenden:

1. Küche
2. Badezimmer
3. Kleiderschrank
4. Kopf

Natürlich stimmt es, dass sich der Minimalismus nicht nur auf diese vier Bereiche beschränkt, sondern im Grunde genommen in allen Bereichen des Lebens stattfinden kann, sofern Sie das wollen. Allerdings eignen sich diese vier genannten Bereiche bestens zu Beginn, um damit anfangen zu können, den Minimalismus in das tägliche Leben zu integrieren.

Es steht Ihnen in diesem Zusammenhang vollkommen frei, ob Sie die Challenge an einem Stück absolvieren und sich wirklich 20 Tage hintereinander nehmen, um alle Bereiche nach und nach, Tag für Tag, abzuarbeiten, oder ob Sie sich jeweils 5 Tage nehmen und immer eine Pause zwischen den einzelnen Bereichen machen. Es gibt eben keine Regeln und kein Richtig oder Falsch. Es gibt nur das, was sich für Sie und Ihre aktuelle Lebenssituation gut und richtig anfühlt. Absolvieren Sie die Challenge so, wie Sie wollen und gestalten Sie sie so, wie sie am besten in Ihr Leben und in Ihren Alltag passt.

Sie können es auch vollkommen mit Gemütlichkeit angehen lassen und sich einen Bereich pro Monat vornehmen und so in vier Monaten alle vier Bereiche der Challenge abarbeiten. Sie entscheiden, wie Sie es am liebsten handhaben wollen.

Teilbereich 1: Minimalistisch leben in der Küche

Den ersten Teilbereich stellt jener der Küche dar. Wenn Sie sich einmal etwas genauer in Ihrer Küche umsehen, werden Sie feststellen, dass Sie sehr viele Dinge haben, die Sie eigentlich nicht wirklich brauchen. Stellen Sie sich einmal bewusst in Ihre Küche und gehen Sie alle Schränke und Schubläden durch, um so feststellen zu können, was Sie wirklich nutzen und was Sie eigentlich gar nicht brauchen.

Da sich die 20 Tage Minimalismus Challenge in unterschiedliche Phasen aufteilt, beschränken Sie sich am besten 5 Tage hinweg auf die Küche. Nutzen Sie jeden der 5 Tage bewusst, um eine bestimmte Sache in der Küche zu erledigen und sich dem Minimalismus somit gezielt zu widmen.

Natürlich entscheiden Sie selbst, inwiefern Sie den Minimalismus in der Küche umsetzen. Doch Sie können diese Anleitung als Orientierung nutzen, um mehr Ordnung in Ihre Küche zu bringen und somit minimalistisch darin zu leben.

Behalten Sie dabei auch immer im Hinterkopf, dass Sie nicht zwingend eine Sache pro Tag erledigen müssen. Die 20 Tage Minimalismus Challenge ist ein reiner Vorschlag. Merken Sie, dass Sie mehr Zeit für die Umsetzung brauchen, nehmen Sie sich so viel, wie Sie brauchen.

Tag 1: Die Lebensmittelvorräte

Der erste Tag bezieht sich auf das Prüfen der Lebensmittelvorräte. Sprich: Prüfen Sie alle Lebensmittel, die sich in Ihrer Küche befinden und lassen Sie dabei auch nicht ein einziges Pfefferkorn weg. Es geht darum, dass Sie sich einen Überblick darüber verschaffen, wie viele Lebensmittel Sie eigentlich wirklich zu Hause haben. Nicht selten passiert es, dass Sie vergessen, wie viele Dinge Sie eigentlich in Ihrer Küche haben. Als Folge dessen kaufen Sie im Anschluss daran weitere Dinge, die sich nach und nach in Ihrer Küche ansammeln.

Am besten räumen Sie sich für diese Zwecke den Tisch oder alle Arbeitsflächen in Ihrer Küche frei und nehmen alles aus den Schränken, was Sie an Lebensmitteln in Ihrer Küche haben. Prüfen Sie dabei, wie viele Dinge Sie haben und welche Lebensmittel Sie vielleicht sogar doppelt oder dreifach besitzen.

Anschließend können Sie prüfen, ob einige der Lebensmittel vielleicht bereits abgelaufen sind. Schmeißen Sie weg, was nicht mehr gut ist und verschenken Sie, was Sie nicht essen. Es macht keinen Sinn, Dinge zu horten und mit ihnen unnötig Platz zu verschwenden, wenn Sie genau wissen, dass Sie sie niemals essen werden.

Tag 2: Das sinnvolle Sortieren der Lebensmittelvorräte

Der zweite Tag in der Küche bezieht sich darauf, die Lebensmittel nun sinnvoll zu sortieren. Denn selbst wenn Sie die Lebensmittel durchgesehen haben und nicht logisch in die Schränke räumen, bringt Ihnen das wenig. Haben die Lebensmittel keinen sinnvollen Platz, geraten sie schnell in Vergessenheit und Sie laufen wieder Gefahr, dass Sie sie nicht nutzen und sie früher oder später ablaufen.

Breiten Sie alle Lebensmittel auf dem Tisch oder auf einer Arbeitsfläche aus und finden Sie ein System, das für Sie passt. Einen Tipp, den Sie sich an dieser Stelle zu Herzen nehmen können, ist, dass Sie all die Dinge, die Sie oft brauchen, nach vorne räumen und somit immer griffbereit haben.

Dinge, die Sie nicht so oft verwenden, können Sie hingegen in die Schränke räumen, an die Sie etwas schwerer rankommen oder Sie verstauen sie hinter den Dingen, die Sie immer griffbereit haben wollen.

Machen Sie sich keine Sorgen, wenn Sie feststellen, dass Sie sich mit Ihrem System nicht zurechtfinden. Äußerst selten finden Menschen auf Anhieb ein System, mit dem Sie sich direkt wohlfühlen. Oft räumen Menschen die Lebensmittel, aber auch die Teller, Tassen, Töpfe und Pfannen, immer wieder um, um so ein System zu finden, mit dem sie sich anfreunden können.

Eine perfekt eingerichtete Küche braucht Zeit und es spricht absolut nichts dagegen, die Lebensmittel umzuräumen, wenn Sie das Gefühl haben, eine Idee für ein besseres System gefunden zu haben. Wichtig ist, dass Sie sich nicht unter Druck setzen.

Tag 3: Erstellen Sie einen Wochenplan für das Essen

Menschen stehen nicht nur vor einem vollen Kleiderschrank mit unzähligen "Ich habe nichts anzuziehen" – Sachen, sondern oft stehen Menschen auch vor vollen Kühlschränken und Vorratsschränken, die voll mit "Ich habe nichts zum Essen"-Lebensmitteln sind.

Quälen Sie sich auch immer wieder mit der Frage, was Sie kochen sollen? Fragen Sie sich, was Sie essen sollen? In diesem Fall können Sie Abhilfe schaffen, indem Sie sich einen Essens-Wochenplan erstellen. Am besten nutzen Sie für die Erstellung des Wochenplans erst einmal all die Lebensmittel, die Sie zu Hause haben. Erstellen Sie einen Wochenplan mit all den Gerichten, die Sie kochen wollen und kaufen Sie gegebenenfalls weitere Lebensmittel dazu ein.

Vielleicht stellen Sie sich an dieser Stelle nun die Frage, was Ihre Einkaufsliste mit dem Minimalismus zu tun hat. Die Antwort darauf gestaltet sich recht einfach:

Im Minimalismus geht es darum, den Konsum zu beschränken und überflüssige Dinge zu minimieren. Kaufen Sie planlos Lebensmittel ein und lassen sich von Angeboten verführen, führt das oft dazu, dass Sie viel zu viele Lebensmittel in Ihrer Küche haben, die Sie eigentlich nicht verwenden.

Der Sinn und Zweck hinter einer detaillierten Einkaufsliste ist zudem der, nichts mehr wegschmeißen zu müssen, sondern alle Lebensmittel, die Sie bei sich im Vorratsschrank und Kühlschrank haben, zu verbrauchen.

Tag 4: Das nachhaltige Einkaufen der Lebensmittel

Basierend auf der Einkaufsliste, die Sie erstellt haben, gehen Sie nun einkaufen. Wenn Sie den Minimalismus in Ihr Leben integrieren wollen, um nachhaltiger zu leben und auch der Umwelt etwas Gutes zu tun, können Sie im Rahmen Ihres Einkaufes auf einige Aspekte und Tipps achten, um nachhaltig einkaufen zu können.

Denn nachhaltig einzukaufen bedeutet unter anderem, dass Sie:

- so gut es geht auf Plastik verzichten und auf Lebensmittel zurückgreifen, die nicht in einer Plastikverpackung verkauft werden.
- eigene Beutel für Obst und Gemüse mitbringen und somit darauf verzichten, die Einwegbeutel aus dem Supermarkt zu nutzen.
- darauf achten, vor allem regionale Produkte zu kaufen, die nicht aus weit entfernten Ländern importiert wurden und somit die Umwelt sehr stark belasten.

Am besten kaufen Sie nachhaltig ein, wenn Sie einen lokalen Markt oder einen plastikfreien Supermarkt in Ihrer Nähe ausfindig machen. Sie können aber auch Kontakte mit lokalen Bauern schließen und bei Menschen Ihres Vertrauens einkaufen gehen. Damit kaufen Sie nicht nur nachhaltig, sondern Sie unterstützen auch kleinere Familienbetriebe.

Tag 5: Das Sortieren der unordentlichsten Küchenschublade

Alle haben sie und keiner mag sie – die Rede ist von der unordentlichen Schublade, in der sich Dinge ansammeln und in Vergessenheit geraten. Nutzen Sie den fünften Tag der Challenge dazu, um sich mit der unordentlichen Schublade zu beschäftigen und sie auszusortieren. Das Schema ist dabei im Grunde genommen genau wie beim Sortieren Ihrer Vorratsschränke:

1. Räumen Sie die Schublade vollkommen aus.
2. Sehen Sie durch, was Sie brauchen und was Sie nicht mehr wollen. Vielleicht sind einige Lebensmittel bereits abgelaufen, einige Dinge sind kaputt und andere brauchen Sie nicht mehr. Einige Dinge gehören vielleicht auch gar nicht in die Küche.
3. Sortieren Sie die Schublade neu und schaffen Sie somit auch in der unordentlichsten Schublade der Küche Ordnung.

Teilbereich 2: Minimalistisch leben im Badezimmer

Der zweite Teilbereich, auf den sich die 20 Tage Minimalismus Challenge bezieht, stellt den des Badezimmers dar. Denn auch im Badezimmer finden sich sehr viele Dinge, die Sie eigentlich nicht brauchen und auch nicht mehr nutzen.

Wie oft kaufen Sie sich neue Pflegeprodukte, ohne die alten aufgebraucht zu haben? Wie viele Shampoos haben Sie in der Dusche stehen? Brauchen Sie wirklich all die Cremes und nutzen Sie sie tatsächlich? Wussten Sie, dass auch Hygieneartikel eine Haltbarkeit haben?

Viele Menschen besitzen viel zu viele Pflegeprodukte, die Sie gar nicht wirklich verwenden und stellen sich das Badezimmer somit mit viel zu vielen Dingen voll. Doch nicht nur ungenutzte oder bereits abgelaufene Produkte rauben Platz im Badezimmer, sondern auch Geräte, wie zum Beispiel nicht genutzte Glätteisen oder Lockenstäbe. All diese Dinge nehmen viel Platz im Badezimmer weg und agieren als Staubfänger.

Umso wichtiger ist es also, dass Sie auch im Badezimmer für Ordnung sorgen, was Sie ebenfalls in 5 Tagen – oder wenn Sie es nicht in Tagen, sondern in Schritten sehen wollen – in 5 Schritten machen können.

Tag 1: Das Aussortieren der Kosmetik

Der erste Tag im Badezimmer beschäftigt sich mit dem Ausmisten der Kosmetik. Mit Sicherheit sind Sie sich gar nicht bewusst darüber, wie viele Kosmetikartikel Sie eigentlich haben, bevor Sie sich nicht gezielt und bewusst mit ihnen auseinandersetzen. Haben Sie sich je die Frage gestellt, wie viele Produkte Sie haben oder greifen Sie immer auf dieselben Produkte zurück? Die Frage, die sich dabei stellt, ist jene danach, wieso Sie eigentlich überhaupt andere Produkte kaufen, wenn Sie ausschließlich Ihre Go-To-Produkte nutzen? Die Angebote, die Werbung, die Kaufsucht oder die Konsumgesellschaft, die uns prägt, sind die Auslöser dieses Verhaltens.

Räumen Sie all die Dinge, die Sie in Ihren Schränken im Badezimmer haben aus und sehen Sie diese durch. Behalten Sie dabei vor allem die beiden folgenden fundamentalen Aspekte im Hinterkopf:

1. Brauche und nutze ich das Produkt?
2. Ist das Produkt abgelaufen oder kann ich es noch benutzen? Entsorgen Sie alle Produkte, die abgelaufen sind. Sind Produkte noch gut, nutzen Sie diese jedoch nicht, verschenken Sie sie an Freunde und Verwandte oder spenden Sie sie an Organisationen, die immer auf der Suche nach bestimmten Produkten sind.

Eine Regel, an die Sie sich diesbezüglich halten können, ist: Alles, was Sie mindestens einmal im Monat nutzen, darf bleiben.

Tag 2: Das Freiräumen der Flächen

Der zweite Tag im Badezimmer beschäftigt sich damit, vollgestellte Flächen frei zu räumen. Sinn und Zweck ist es dabei nicht, ein Badezimmer wie aus dem Katalog zu erhalten, sondern nervige und unnötige Staubfänger aus dem Bad zu entfernen.

Wie oft erwischen Sie sich dabei, wie Sie Ihre Brille, die Zahnpasta, den Haargummi oder ein anderes Teil auf eine Ablagefläche legen und dort vergessen?

Ganz davon abgesehen, dass unnötige Dinge auf den Flächen Platz rauben und Staub ansammeln, erschweren sie auch das Putzen sehr stark. Es ist sehr viel aufwändiger, erst alle Dinge wegräumen zu müssen, bevor Sie über die Flächen putzen, als direkt freie Flächen vorzufinden, die Sie schnell und ohne Probleme putzen können.

Haben Sie die Flächen erst einmal weitestgehend freigeräumt, wird sich sehr viel weniger Staub ansammeln, das Badezimmer wird sehr viel hygienischer bleiben und das Putzen wird die nächsten Male sehr viel schneller und einfacher gehen.

Tag 3: Ausräumen des Medizinschranks

Bevor Sie mehr über den Medizinschrank erfahren, ist es wichtig zu erwähnen, dass nicht alle Menschen ihren Medizinschrank im Badezimmer haben. Wenn dies bei Ihnen der Fall sein sollte, können Sie selbst entscheiden, ob Sie den Medizinschrank trotzdem ausräumen oder ob Sie diesen Schritt weglassen und sich dem

Medizinschrank etwas später widmen. Beim Ausräumen des Medizinschranks gehen Sie genauso vor, wie bei dem Ausräumen Ihrer Hygiene- und Pflegeprodukte.

Räumen Sie erst Ihren gesamten Medizinschrank aus und breiten Sie alle Dinge, die sich darin befinden, auf einer großen Fläche aus. Anschließend sehen Sie all die Produkte durch und schauen, was abgelaufen ist und was Sie nicht mehr brauchen.

Abgelaufene Medikamente bergen eine sehr große und nicht zu unterschätzende Gefahr in sich. Werfen Sie diese nicht einfach weg, sondern bringen Sie sie zu den entsprechenden Containern, die Sie in der Regel in einer Apotheke finden.

Die Medikamente, die noch haltbar sind, sortieren Sie anschließend wieder in den Schrank ein. Sind Sie sich bezüglich der Haltbarkeit nicht sicher, weil Sie vielleicht eine Flasche geöffnet haben und sich nicht genau daran erinnern können, wann Sie sie geöffnet haben, werfen Sie sie lieber weg, anstatt sich und Ihre Gesundheit zu gefährden.

Es ist empfehlenswert, das Datum auf die Verpackung zu schreiben, an dem Sie das Medikament geöffnet haben. Viele Verpackungen haben dafür sogar einen extra Platz, auf dem Sie das Datum festhalten können.

Tag 4: Die Anschaffung nachhaltiger Produkte

Sie haben Ihre Produkte aussortiert und nun befinden sich nur die Dinge in Ihrem Schrank, die Sie wirklich brauchen und nutzen. Wenn Sie den Minimalismus noch intensiver in Ihr Badezimmer integrieren und es nachhaltiger gestalten wollen, können Sie sich nun nach plastikfreien und naturkosmetischen Alternativen umsehen, die Sie an der Stelle Ihrer herkömmlichen Produkte verwenden können.

Das stellt jedoch, wie alle Dinge im Bereich des Minimalismus, absolut kein Muss dar, sondern ist ganz Ihrem persönlichen Empfinden und Ihren Vorstellungen überlassen. Nutzen Sie jedoch in jedem Fall erst Ihre vorhandenen Produkte, bevor Sie sie austauschen und schmeißen Sie nicht einfach Dinge weg, die Sie noch benutzen.

Stellen Sie fest, dass Ihre Produkte fast leer sind, können Sie sich nach Alternativen umsehen. Einige Dinge, zu denen es gute Alternativen gibt, sind unter anderem:

- Seife
- Klopapier
- Rasierer
- Tampons

Tag 5: Mixen eines nachhaltigen Badezimmerreinigers

Weiter oben im Ratgeber haben Sie bereits mehr darüber erfahren, dass es nicht notwendig ist, viele unterschiedliche Spezialreiniger zu besitzen. Wie Sie bereits wissen, befinden sich in den vielen unterschiedlichen Spezialreinigern zahlreiche schädliche Inhaltsstoffe, auf die Sie mit dem Mixen eines nachhaltigen Badezimmerreinigers verzichten können.

Zudem sparen Sie Geld, wenn Sie sich den speziellen Badereiniger selbst mixen. Es gibt viele unterschiedliche Möglichkeiten, um sich Ihren eigenen Allzweckreiniger für Ihr Badezimmer selbst mixen zu können.

Einige der beliebtesten Mischungen, auf die Sie diesbezüglich zurückgreifen können, stellen die Folgenden dar:

- **Natron-Reiniger**
  Natron, Kernseife, etwas Zitronensaft und ätherisches Öl nach Wahl, um dem Reiniger einen angenehmen Duft zu verleihen.

- **Essig-Reiniger**
  Zwei Teile Essig und einen Teil Wasser. Viele Menschen stören sich jedoch an dem starken Geruch des Essigs. Diesem können Sie ganz einfach den Kampf ansagen, indem Sie der Mischung ein ätherisches Öl nach Wahl beimengen. Am besten greifen Sie für diese Zwecke auf Lavendel oder auf Teebaumöl zurück. Diese beiden ätherischen Öle bringen die entscheidenden Vorteile mit sich, nicht nur einen guten und angenehmen Duft zu besitzen, sondern auch die antibakterielle Wirkung des Reinigers zu verstärken.

Natürlich finden Sie im Internet viele weitere Rezepte, die Sie nutzen können. Unter ihnen befinden sich dabei nicht nur Rezepte für Allzweckreiniger, sondern auch Mischungen, mit denen Sie ganz bestimmten Dingen, wie hartnäckigen Flecken oder Kalkablagerungen, ohne Probleme den Kampf ansagen können.

Teilbereich 3: Minimalistisch leben im Kleiderschrank

Mit dem oben bereits erwähnten und detailliert erklärten Project 333 haben Sie eine gute und hilfreiche Methode kennengelernt, um Ordnung in Ihren Kleiderschrank zu bringen und minimalistisch in Bezug auf den Kleiderschrank zu leben. Doch auch die 20 Tage Minimalismus Challenge gibt Ihnen einige wichtige Anhaltspunkte, um Ihren Kleiderschrank minimalistisch zu gestalten.

Tag 1: Bestimmen des eigenen Stils

Am ersten Tag beschäftigen Sie sich damit zu bestimmen, was überhaupt Ihr Stil ist. Welchen Stil verfolgen Sie? Was tragen Sie gerne? In welcher Kleidung fühlen Sie sich wohl? Nur, wenn Sie wissen, welchen Stil Sie mögen und welchen Stil die Kleidung hat, in der Sie sich wohlfühlen, können Sie feststellen, welche Kleidung Sie nicht wollen und nicht gerne tragen.

Wie viele Kleidungsstücke tragen Sie wirklich? Welche Kleidungsstücke aus Ihrem Kleiderschrank hängen seit Monaten oder vielleicht sogar seit Jahren in ihm, ohne dass Sie sie je getragen haben?

Setzen Sie sich damit auseinander, welchen Stil Sie haben, um so die Basis zu schaffen, die Sie brauchen, um Ihren Kleiderschrank gnadenlos aussortieren zu können.

Weitere Fragen, die Sie sich stellen können, um Ihren Stil zu bestimmen, sind unter anderem jene nach Mustern, Stoffen und Schnitten, die Sie gerne mögen und folglich auch gerne tragen.

Tag 2: Aussortieren von Unterwäsche und Socken

Selbst wenn Sie viele Dinge, die Sie in Ihrem Kleiderschrank finden, nicht tragen, stellt Sie das Aussortieren vor eine nicht zu unterschätzende Herausforderung. Aus diesem Grund zielt der zweite Tag des Aussortierens des Kleiderschrankes erst einmal auf die Unterwäsche und die Socken ab, mit denen sich Menschen in der Regel leichter tun als mit den anderen Kleidungsstücken.

Bestimmt gehört auch Ihre Waschmaschine zu der Spezies der Sockenfresser und raubt Ihnen ab und an eine Socke. Sehen Sie einmal alle Socken durch und prüfen Sie sie auf folgende Anhaltspunkte:

- Welche Socken fehlen? Entsorgen Sie gnadenlos alle Socken, die Ihren Partner verloren haben.
- Welche Socken haben Löcher? Entsorgen Sie die Socken, die Löcher haben oder üben Sie sich im Sockenstopfen. Allerdings stellt das Sockenstopfen eine recht aufwändige Tätigkeit dar.
- Welche Socken sind unangenehm zu tragen oder zu klein? Alle Socken, die Sie aufgrund der Größe oder des Materials nicht mögen, sortieren Sie am besten aus. Sie müssen sie nicht wegeschmeißen, wenn Sie noch eine gute Qualität aufweisen. In diesem Fall können Sie in Ihrem Umfeld nachfragen,

ob jemand Interesse an Ihren Socken hat. Alternativ können Sie sich auch in die Kleidersammlung geben.

Dasselbe trifft auf Ihre Unterwäsche zu. Fragen Sie sich bewusst, was Sie anziehen und was Sie eigentlich nicht tragen. Sie werden sehen, wie sich immer mehr Platz macht und nicht getragene Socken und Unterwäsche keinen Platz mehr in der Schublade wegnehmen.

Tag 3: Aussortieren des Kleiderschrankes

Nachdem Sie nun die Socken und die Unterwäsche aussortiert haben, geht es daran, den Kleiderschrank auszuräumen und auszumisten. Nehmen Sie für diese Zwecke all Ihre Kleidung aus dem Schrank und breiten Sie sie auf dem Bett auf. Betrachten Sie all die Dinge und gleichen Sie sie mit dem Stil ab, den Sie für sich bestimmt haben.

Entspricht das Kleidungsstück Ihrem Stil? Tragen Sie das Teil überhaupt noch? Räumen Sie nur die Kleidung zurück in den Schrank, die Sie wirklich brauchen. Alles, was kaputt ist, schmeißen Sie weg und was Sie nicht mehr tragen, können Sie:

- auf dem Flohmarkt verkaufen.
- an Freunde oder Verwandte verschenken.
- in die Kleidersammlung geben.

Tag 4: Legen Sie eine Vielleicht-Box an

Im Grunde genommen könnten Sie diesen Schritt mit dem dritten Schritt kombinieren und die Vielleicht-Box direkt am dritten Tag des Ausmistens Ihres Kleiderschranks anlegen. Denn bei einer Vielleicht-Box handelt es sich um eine Box, in die Sie all die Kleidungsstücke stecken, von denen Sie sich nicht leicht trennen können.

Schließlich zielt der Minimalismus nicht darauf ab, gnadenlos radikal zu sein und zu leiden, wenn Sie Dinge ausmisten. Leiden Sie, verbinden Sie den Minimalismus automatisch mit negativen Gefühlen, was genau das Gegenteil davon erzielt, was der minimalistische Lebensstil eigentlich bezwecken sollte. Minimalismus soll Ihnen Ihr Leben erleichtern und keine negativen Gefühle in Ihnen wecken.

Aus diesem Grund legen Sie sich für Dinge, bei denen Sie sich nicht sicher sind, ob Sie sie noch tragen wollen, am besten eine Vielleicht-Box an.

Geben Sie die Dinge für circa einen Monat in die Box und beobachten Sie sich bei Ihrer Kleiderwahl. Vermissen Sie ein Teil aus der Box? Wollen Sie ein Teil aus der Box vielleicht anziehen?

Nach einem Monat können Sie Bilanz ziehen und all die Dinge, an die Sie gar nicht gedacht haben und die Sie somit auch nicht in Ihrem Kleiderschrank vermisst haben, aussortieren.

Tag 5: Informieren bezüglich nachhaltiger Mode

Der fünfte Tag beschäftigt sich damit, sich mit nachhaltiger Mode auseinanderzusetzen. Doch wie bei vielen nachhaltigen Dingen der Fall, stellt die Wahl nachhaltiger Mode absolut kein Muss dar. Sie müssen Ihren Kleiderschrank nicht mit nachhaltiger Kleidung bestücken, doch nachhaltige Mode spielt für viele Menschen, die sich für den minimalistischen Lebensstil interessieren und die somit minimalistisch leben wollen, eine große Rolle.

Nachhaltige Mode finden Sie entweder, indem Sie Second-hand kaufen, oder indem Sie auf Hersteller zurückgreifen, die gezielt nachhaltige Mode herstellen.

Teilbereich 4: Minimalistisch leben im Kopf

Auf den ersten Blick mag sich dieser vierte und somit letzte Teilbereich der 20 Tage Minimalismus Challenge etwas komisch und ungewohnt anhören. Doch am besten leben Sie den minimalistischen Lebensstil, wenn der Minimalismus bei Ihnen im Kopf startet. Nur mit dem richtigen Mindset und der passenden Einstellung wird es Ihnen leichtfallen, den Minimalismus in Ihr Leben zu integrieren.

Doch nicht nur für die Einstellung zum Minimalismus spielt das Mindset eine tragende Rolle, sondern auch für Ihr Leben und Ihre Stressbelastung. Viele Menschen machen sich viel zu viele Gedanken über unnötige Dinge und malen sich aufgrund negativer Glaubenssätze Horrorszenarien aus, die zu einer allgemein negativen Grundstimmung führen.

Um generell leichter und stressfreier Leben zu können, ist es wichtig, dass Sie Ihren Kopf von störenden Gedanken befreien. Das machen Sie am besten in den folgenden fünf Schritten.

Tag 1: Die geführte Meditation

Immer mehr Menschen entdecken die Meditation für sich. In der Tat bringt die Meditation sehr viele nicht von der Hand zu weisende Vorteile mit sich, von denen Sie profitieren können. Ganz egal, ob Sie spirituell veranlagt sind oder nicht, profitieren sehr viele Menschen von der Meditation.

Nehmen Sie sich ganz bewusst ein paar Minuten Zeit für sich und meditieren Sie, um so Ihren Kopf zu befreien und Achtsamkeit zu entwickeln. Je mehr Achtsamkeit Sie entwickeln, umso besser werden Sie ein Bewusstsein dafür bekommen, was Sie wirklich wollen und brauchen. Mehr Achtsamkeit hilft Ihnen dabei, den Minimalismus in Ihr Leben zu integrieren, weil Sie besser wissen, was Sie wollen und was Sie nicht wollen. Mehr Achtsamkeit hilft Ihnen auch dabei, sich von Dingen zu lösen, die Sie nur gekauft haben, weil Sie dem Konsumverhalten verfallen waren.

Da es viele unterschiedliche Arten der Meditation gibt, können Sie entweder im Internet Meditationen finden, die Ihnen zusagen, oder Sie schreiben sich in einen Kurs ein, der Sie bei der Meditation unterstützt.

Tag 2: Digital Detox

Wissen Sie, wie viel Zeit Sie jeden Tag vor Ihrem Computer oder dem Bildschirm des Smartphones verbringen? Wenn Sie die genaue Stundenanzahl wissen wollen, reicht ein Blick auf Ihr Telefon, das Ihnen genau mitteilt, wie viel „Screen-Time" Sie pro Tag haben. Selbst wenn Sie sich die genaue Stundenanzahl nicht direkt vor Augen führen, werden Sie zugeben müssen, dass Sie viel zu viel Zeit vor dem Bildschirm verbringen.

Die ständige Verfügbarkeit und Erreichbarkeit tragen einen sehr großen Teil dazu bei, dass Sie sich oft gestresst und ausgelaugt fühlen. Umso wichtiger ist es für Sie, dass Sie ab und an auf die Verwendung digitaler Geräte verzichten und sich einfach Zeit für sich nehmen.

Nehmen Sie sich bewusst einen Tag, an dem Sie voll und ganz auf digitale Geräte verzichten. Nutzen Sie diesen Tag am besten auch, um auf Arbeit zu verzichten und beschäftigen Sie sich stattdessen mit anderen Dingen:

- Lesen Sie ein Buch
- Hören oder machen Sie Musik
- Machen Sie Spaziergänge in der Natur
- Machen Sie ein Picknick
- Gehen Sie in den Zoo
- Machen Sie Sport

Tag 3: Entleeren des E-Mail-Postfachs

Der dritte Tag dieses Teilbereichs beschäftigt sich damit, Ihr E-Mail-Postfach zu leeren. Wie viele Mails befinden sich in Ihrem Postfach, die als „ungelesen" markiert sind? Alleine die Zahl, die rot hinterlegt auf Ihrem Bildschirm aufscheint, sorgt unterbewusst dafür, dass sich Stress in Ihnen ausbreitet.

Wie schön wäre es, wenn sich die Zahl nicht mehr auf Ihrem Bildschirm befinden würde? Wie schön wäre es, wenn Sie nur ein bis zwei Mails empfangen würden?

Da es selten jemanden weiterbringt, sich die Frage „was wäre, wenn?“ zu stellen, ist es wichtig, dass Sie sich aus diesem Wunschdenken heraus und in das Handeln hineinbegeben.

Nehmen Sie sich bewusst einen Tag, um sich mit all den Mails zu beschäftigen, die sich in Ihrem Posteingang befinden. Gehen Sie die Mails durch und kündigen Sie alle Rundmails, die Sie vor Monaten oder Jahren einst abonniert haben. Löschen Sie all die Werbungen, die Sie täglich erhalten und misten Sie somit bereits einen großen Teil der Mail-Flut aus.

Zwar macht das Ausmisten an und für sich nicht viel Spaß und nimmt einiges an Zeit in Anspruch, doch sobald Sie sich aus Newsletter-Verteilern gelöscht und dafür gesorgt haben, dass ungewünschte Werbung direkt im Mülleimer landet, werden Sie feststellen, wie befreiend es ist, wenn Sie nur noch Mails erhalten, die Sie wirklich erhalten wollen.

Tag 4: Das Schreiben einer Dankbarkeitsliste

Viel zu oft legen wir Menschen den Fokus auf die Dinge, die wir nicht haben und vergessen dabei voll und ganz all die tollen Dinge, die wir haben. Wie oft beschweren Sie sich darüber, dass etwas nicht so gelaufen ist, wie Sie sich das vorgestellt haben und vergessen dabei all die schönen Dinge, die Sie erlebt haben? Wie oft lassen Sie sich dazu verleiten, einen eigentlich schönen und erfolgreichen Tag als “schlecht” oder “mies gelaufen” abzuschreiben, weil vielleicht ein Ereignis nicht so eingetreten ist, wie Sie sich das gewünscht und vorgestellt haben?

Um für Ihr mentales Wohlbefinden sorgen zu können, ist es wichtig, dass Sie die Negativität besiegen und den Fokus nicht mehr auf die Dinge legen, die nicht gelungen sind, sondern mehr darauf achten, was Sie an dem Tag schön fanden.

Eine sehr gute Möglichkeit, um Ihren Fokus für die schönen und positiven Dinge im Leben zu wecken, stellt das Erstellen einer Dankbarkeitsliste dar. Nehmen Sie sich jeden Abend 10 Minuten Zeit, um an mindestens 3 Dinge zu denken, für die Sie dankbar sind. Das hilft Ihnen nicht nur dabei, mehr Bewusstsein dafür zu entwickeln, dass Sie ein schönes Leben haben, sondern Sie erhalten nach und nach auch ein sehr viel positiveres Mindset. Mit einer Dankbarkeitseinstellung und einem positiven Mindset brauchen Sie auch keine Dinge mehr, die Ihnen die Werbung aufschwatzen möchte.

Wenn Sie mehr als 3 Dinge finden, für die Sie dankbar sind, ist es umso besser. Denken Sie immer daran – ganz egal, wie augenscheinlich schlecht ein Tag auf verlaufen ist – es gibt immer Dinge, für die Sie dankbar sein können.

Tag 5: Ein ausgedehnter Spaziergang

Die Natur wirkt wahre Wunder auf Menschen. Ein Tag oder auch nur einige Momente in der freien Natur helfen Ihnen dabei, Stress zu reduzieren und Ihren Kopf freizumachen.

Machen Sie einen Spaziergang und nutzen Sie diese Momente entweder, um Ihren Gedanken freien Lauf zu lassen oder einfach einmal an nichts zu denken.

Natürlich gibt es viele weitere Dinge, die Sie bezüglich des Minimalismus im Kopf machen können. Doch die fünf genannten Schritte stellen eine wichtige Grundlage dar, um die ersten Anfänge zu wagen. Je mehr Sie auf Ihrer Reise voranschreiten, umso mehr werden Sie feststellen, wie einfach es Ihnen fällt, mentale Belastungen loszulassen und ein allgemeines positives Mindset zu erhalten.

„Eat the Frog First" – Methode

Eine weitere Methode, die Sie nutzen können, um den Minimalismus in Ihr Leben zu integrieren, stellt die sogenannte „Eat the Frog First"- Methode dar. Diese Methode eignet sich vor allem dann für Sie, wenn Sie nicht mit dem Schwersten warten und mit dem Leichten anfangen, sondern direkt mit dem Schwersten starten wollen.

Einigen Menschen fällt es leichter, ihre Wünsche umzusetzen und den Minimalismus in das Leben zu integrieren, wenn sie direkt mit dem schwersten Schritt starten. Das heißt nicht, dass Sie das auch machen müssen. Merken Sie jedoch, dass Sie auch zu der Kategorie Mensch gehören, der die Herausforderung braucht und sich schweren Entscheidungen nicht Schritt für Schritt nähern kann, können Sie sich diese Methode zu Herzen nehmen und mit ihr den Minimalismus in Ihr Leben integrieren.

Doch warum zielt diese Methode darauf ab, sich zuerst von den Dingen zu trennen, bei denen es uns am schwersten fällt? Warum sollten wir uns direkt von unseren Lieblingssachen trennen? Die Antwort auf diese Frage scheint dabei recht einfach und logisch zu sein:

Wenn Sie sich von Ihren liebsten Sachen als erstes trennen, wird es Ihnen anschließend sehr viel leichter fallen, sich von den anderen Dingen, die für Sie einen etwas geringeren Stellenwert haben, zu trennen.

Im Übrigen lässt sich diese Methode nicht nur im Rahmen eines minimalistischen Lebensstils anwenden. Die „Eat the Frog First"-Methode findet auch im Alltag ihre Anwendung:

- Wenn Sie mehr Sport machen möchten, starten Sie am besten direkt mit Bewegung in den Tag und fahren Sie mit dem Fahrrad zur Arbeit, anstatt den Bus oder das Auto zu nehmen.
- Wenn Sie mehr meditieren wollen, warten Sie mit der Meditation nicht bis zum Abend, sondern starten Sie den Tag direkt mit einer Meditation.

Die Korb-Methode

Eine weitere Methode, die eigentlich an einige bereits oben erwähnte Schritte anlehnt, stellt die sogenannte Korb-Methode dar. Nehmen Sie sich am besten einen großen Korb und gehen Sie dann durch Ihre ganze Wohnung. Lassen Sie dabei kein Zimmer aus und sehen Sie in allen Räumen nach, was Sie brauchen und was nicht.

Wenn der Korb voll ist, breiten Sie all die Dinge auf einer Fläche (am besten auf einem leer geräumten Tisch oder auf dem Boden) aus und überlegen Sie, welche der Dinge Sie verschenken, entsorgen, verkaufen oder doch behalten wollen.

Nehmen Sie sich dafür Zeit und treffen Sie keine überschnellen Entscheidungen. Natürlich ist es wichtig, dass Sie lernen, sich von Dingen zu trennen, die Sie nicht brauchen und nicht nutzen. Dennoch ist es nicht Sinn der Sache, dass Sie Ihre Entscheidung zu einem minimalistischen Lebensstil später bereuen und die Dinge, von denen Sie sich zu voreilig getrennt haben, anschließend vermissen.

Die Karton-Methode

Bei der Karton-Methode handelt es sich um eine ganz besondere Methode, um dem Minimalismus die Türen in Ihr Leben zu öffnen. Im Voraus ist es wichtig zu erwähnen, dass diese Methode nicht für alle Menschen gut ist und nicht alle Menschen mit dieser Methode zurechtkommen.

Denn wenn Sie diese Methode nutzen wollen, um den minimalistischen Lebensstil in Ihr Leben zu integrieren, werden Sie für circa einen Monat aus Kisten und Kartons leben.

Stellen Sie sich vor, Sie ziehen um. Wenn Sie umziehen, packen Sie alle Dinge in Kartons und Kisten, um Sie von Ihrer alten Wohnung in die Neue zu befördern. Bei der Karton-Methode tun Sie so, als würden Sie umziehen. Sie packen all Ihr Hab und Gut in Kisten und Kartons und stellen diese in Ihre Wohnung.

Sie müssen die Kartons dabei natürlich nicht verschließen, sondern Sie lassen sie offenstehen. Nun nehmen Sie sich in dem kommenden Monat immer nur die Sachen aus dem Karton, die Sie wirklich brauchen.

All die Dinge, die nach den vier Wochen noch in den Kisten liegen, sehen Sie sich mit viel Sorgfalt und Bedacht durch, um anschließend für sich die Entscheidung treffen zu können, ob Sie die Dinge tatsächlich noch brauchen oder nicht. Schließlich haben Sie sie für einen ganzen Monat lang nicht gebraucht.

Natürlich heißt das nicht, dass Sie direkt alles, was sich in den Kartons befindet, radikal wegschmeißen müssen. Sehen Sie die einzelnen Dinge durch, geben Sie sich gegebenenfalls noch etwas mehr Zeit und entscheiden Sie dann nach und nach, was Sie mit den einzelnen Sachen machen wollen.

Die Konmari-Methode

Vielleicht haben Sie – auch, wenn Sie sich vorher noch nicht mit dem Minimalismus beschäftigt haben – bereits etwas von der sogenannten Konmari-Methode gehört. Die Japanerin Marie Kondo hat mit ihren Büchern weltweiten großen Erfolg und hilft Menschen mit ihrer Methode dabei, schneller und vor allem besser in der eigenen Wohnung aufzuräumen.

Sicherlich kennen Sie das: Sie haben gerade in der Wohnung aufgeräumt und alles ist sauber. Sie haben lange dafür gebraucht, alle Dinge aufzuräumen und sauber zu machen und innerhalb weniger Stunden oder Tage ist alles wieder unordentlich. Sie kommen sich vor wie Sisyphus, der den Stein den Hügel hinaufschieben muss, aber nie am Ziel ankommt, weil der Stein kurz vorm Ziel den Berg wieder herunterrollt.

Es entsteht früher oder später ein Teufelskreis, der sich in eine Abwärtsspirale verwandelt und irgendwann darin endet, dass Sie absolut keine Lust mehr auf das Aufräumen haben.

Genau an dieser Stelle kann Ihnen die Konmari-Methode helfen. Denn Marie Kondo ist der Überzeugung, dass es gar nicht schwer sei, Ordnung zu machen und im Anschluss daran Ordnung zu halten, sofern Sie sich erst einmal an ein bestimmtes System gewöhnt haben und dieses in Ihrem Alltag leben.

Marie Kondo fasst ihre Tipps und Tricks bezüglich eines ordentlichen Lebens unter dem Begriff „Magic Cleaning" zusammen. Wer sich an ihre Regeln hält, wird sich nicht mehr aufraffen müssen, um Ordnung in der Wohnung zu schaffen, da es gar nicht mehr zum Chaos kommt. Wenn Sie so möchten, verbindet Marie Kondo also das Aufräumen und Ordnung-Halten mit dem Minimalismus. Denn wenn Sie wirklich nur das haben, was Sie brauchen und nutzen, sammeln sich keine Dinge an, die für Unordnung sorgen. Denn alle Dinge, die Sie nutzen, haben Ihren festen Platz, sodass gar keine Unordnung in Ihren eigenen vier Wänden entstehen kann.

Dass Marie Kondo mit ihrer Methode gar nicht im Unrecht liegt, besagen die Zahlen der Bücher, die Sie bereits weltweit verkauft hat. Ihre Bücher wurden mittlerweile in 27 Sprachen übersetzt und auf der ganzen Welt inzwischen 7 Millionen Mal verkauft.

Drei wichtige Regeln der KonMari-Methode

Bevor Sie nun mehr über die KonMari-Methode an sich erfahren, ist es wichtig, dass Sie die drei Grundlagen der Methode kennen. Nur, wenn Sie sich diese drei Grundlagen zu Herzen nehmen, können Sie im Anschluss daran erfolgreich bei sich aufräumen und Ordnung halten.

Gehen Sie nach Kategorien vor

Die erste Regel, die eine fundamentale Rolle bezüglich des Aufräumens nach Marie Kondo spielt, ist, dass Sie am besten nach Kategorien vorgehen. Viele Menschen räumen ihre Wohnung Raum für Raum auf. Das scheint, auf den ersten Blick betrachtet, die beste, einfachste und schnellste Methode zu sein. Marie Kondo hingegen rät dazu, nicht nach Räumen und Orten, sondern vielmehr nach Kategorien vorzugehen.

Für diese Zwecke bietet es sich an, alle Dinge einer Kategorie auf einem Haufen zu sammeln und im Anschluss daran zu sortieren. Um nicht durcheinander zu kommen, sollten Sie dabei immer eine Reihenfolge festlegen, mit der Sie am besten klarkommen. Sprich: erst kümmern Sie sich um die Kleidung, dann um die Bücher, dann um Papiere etc.

Kleine Dinge und auch Erinnerungsstücke sollten dabei jedoch immer an den letzten Plätzen der Reihenfolge drankommen. Der Grund für diese Tatsache ist ganz einfach der, dass es Menschen sehr schwerfällt, sich mit Erinnerungsstücken auseinanderzusetzen und für sich zu bestimmen, ob sie sie wirklich behalten wollen oder nicht.

Natürlich ist es Ihnen persönlich überlassen, wie Sie vorgehen. Möglicherweise gehören Sie auch zu den Menschen, die sich wohler fühlen, wenn Sie sich direkt mit den schwersten Dingen auseinandersetzen (Stichwort: „Eat the Frog First"-Methode).

Nehmen Sie die Gegenstände in die Hand

Die zweite wichtige Regel, die Sie bezüglich der Konmari-Methode beachten sollten, ist, die Dinge in die Hand zu nehmen, bevor Sie sie aufräumen. Es ist wichtig, dass Sie Gegenstände genau betrachten und fühlen, um anschließend die Entscheidung darüber treffen zu können, ob Sie den Gegenstand behalten oder doch lieber entsorgen.

Eine wichtige Frage, die Sie sich dabei stellen sollten, wenn Sie den Gegenstand in die Hand nehmen, ist die folgende: „Macht es mich glücklich, wenn ich den Gegenstand in die Hand nehme?"

Stellen Sie sich diese Frage ganz bewusst und nehmen sich Zeit, um in sich hineinzufühlen. Was fühlen Sie? Würden Sie sich wohlerfühlen, wenn Sie sich von dem Gegenstand verabschieden?

Jedes Teil hat seinen Platz

Den dritten Ansatz, den Sie sich zu Herzen nehmen sollten, bevor Sie mehr darüber erfahren, wie die Konmari-Methode nun genau funktioniert, stellt die Regel dar, dass jedes Teil seinen ganz bestimmten Platz in Ihren eigenen vier Wänden hat.

Alle Dinge, die Sie nicht wegschmeißen, verschenken oder verkaufen, sondern behalten wollen, bekommen in Ihren eigenen vier Wänden einen ganz bestimmten und festen Platz. Marie Kondo schlägt zudem in Bezug auf Erinnerungsstücke vor, diese nicht in der Wohnung an verschiedenen Plätzen zu verteilen, sondern vielmehr einen Altar zu schaffen. Auf diesem Altar finden dann alle Erinnerungsstücke Ihren Platz, sodass sie sich gesammelt an einem Ort befinden.

So setzen Sie die Konmari-Methode in Ihrem Alltag um

Sie wissen nun, welche drei wichtigen Regeln Sie beachten müssen, wenn Sie die Konmari-Methode in Ihren Alltag integrieren wollen. Die Frage, die sich nun jedoch noch stellt, ist die danach, wie Sie am besten vorgehen und wie das Aufräumen nach Marie Kondo gelingt. Für diese Zwecke gibt es 7 wichtige Schritte, an denen Sie sich orientieren und die Sie sich zu Herzen nehmen können.

Verpflichten Sie sich zum Aufräumen

Der erste wichtige Schritt, der Ihnen dabei hilft, dauerhaft Ordnung zu halten, besteht darin, sich selbst zum Aufräumen zu verpflichten. Sehen Sie das Aufräumen als wichtigen Teil Ihres Alltags an und verpflichten Sie sich in der ersten Zeit dazu, aufzuräumen und anschließend Ordnung zu halten.

Sehen Sie das Aufräumen und das Ordnung-Halten ein bisschen als Training. Wenn Sie Sport treiben wollen, müssen Sie in erster Linie einen Plan erstellen und sich vor allem die ersten Male dazu aufraffen, dem Plan zu folgen. Wenn Sie sich an den Plan halten und sich einige Zeit zum Aufräumen verpflichten, stellen sich nach und nach eine Routine und eine Gewohnheit ein, die Ihnen dabei helfen, das Aufräumen und Ordnung-Machen als vollkommen selbstverständliche Tätigkeit in den Alltag zu integrieren.

Sie können mit dem Aufräumen und mit dem Ordnung-Halten nur dann erfolgreich sein, wenn Sie dem Aufräumen die Priorität geben, die es von Ihnen verlangt. Verpflichten Sie sich aus diesem Grund zum Aufräumen und sehen Sie es als Selbstverständlichkeit an. Das Aufräumen sollte für Sie so selbstverständlich sein, wie das Essen oder das Schlafen.

Geben Sie dem Aufräumen und dem Ordnung-Halten die Priorität, die Sie anderen essentiellen Dingen in Ihrem Leben geben und schaffen Sie es somit, das Aufräumen und das Ordnung-Halten dauerhaft in Ihren Alltag zu integrieren.

Finden Sie einen Sinn im Aufräumen

Ein kluger Spruch lautet: "Wo ein Wille ist, ist auch ein Weg!" – genauso ist es. Aus diesem Grund sagt Marie Kondo, dass es wichtig ist, dass Sie das Aufräumen wirklich wollen und einen Sinn darin sehen. Denn wenn Sie wirklich aufräumen wollen, finden Sie auch Wege und Mittel, um das Aufräumen und Ordnung-Halten als festen Bestandteil in Ihren Alltag integrieren zu können.

Bestimmt haben Sie auch schon einmal davon gehört, dass es immer zwei Sichtweisen über eine Situation gibt. Nehmen Sie einmal das mit Wasser befüllte Glas als Beispiel. Für einige Menschen ist das Glas halbleer und für andere Menschen ist es hingegen halbvoll.

Genauso verhält es sich auch mit dem Aufräumen und mit dem Ordnung-Halten. Speichern Sie das Aufräumen und das Ordnung-Halten als lästige und zeitraubende Pflicht in Ihrem Kopf ab, trägt das dazu bei, dass Sie eine negative Sichtweise auf das Aufräumen haben. Sie müssen sich immer wieder aufraffen, um der lästigen Tätigkeit nachzugehen oder Sie schieben das Aufräumen immer wieder vor sich her. Mit Sicherheit fallen Ihnen auch die besten und kreativsten Ausreden ein, wenn Sie keine Ordnung machen und halten wollen.

Nehmen Sie jedoch einen anderen Blickwinkel ein, werden Sie sehr schnell feststellen, wie leicht es Ihnen fallen wird, Ordnung zu machen und zu halten. Ändern Sie den Blickwinkel auf die Tätigkeit, werden Sie sich nicht mehr zwingen müssen, Ordnung zu schaffen, sondern es wird für Sie eine Selbstverständlichkeit darstellen.

Versuchen Sie, eine andere Beziehung zum Aufräumen aufzubauen und sehen Sie es nicht mehr als lästigen Zwang, sondern vielmehr als meditative Beschäftigung an. Während Sie aufräumen, räumen Sie nicht nur äußerlich, sondern auch innerlich auf. Sie können Ihre Lieblingsmusik hören, während Sie aufräumen oder Sie nutzen die Zeit, um Ihre Gedanken kreisen zu lassen.

Sie werden merken, dass sich das Aufräumen früher oder später zu einem Ritual umwandelt, zu dem Sie sich nicht mehr zwingen müssen, sondern das Ihnen Freude bereitet und Spaß macht.

Räumen Sie nach einer festen Reihenfolge auf

Weiter oben im Rahmen der drei wichtigsten Regeln der Konmari-Methode wurde bereits darauf eingegangen, dass es wichtig ist, dass Sie nach einer festen Reihenfolge aufräumen. Wie sieht diese Reihenfolge genau aus?

Bevor wir genauer auf eine sinnvolle und hilfreiche Reihenfolge eingehen, ist es wichtig zu erkennen, wieso das Aufräumen schnell zur Überforderung führt.

Wenn Sie sich in einen Raum stellen, gibt es oft viele Baustellen, an denen Sie arbeiten wollen. Normal hat jede Baustelle einen Bauleiter, der sich mit seiner Baustelle bestens auskennt. Wenn sich ein Bauleiter jedoch mit mehreren Baustellen gleichzeitig auseinandersetzen muss, kommt es schnell zu Chaos.

Wenn Sie an mehreren Orten gleichzeitig für Ordnung sorgen wollen, ohne dabei einer festen Reihenfolge zu folgen, kommt es schnell dazu, dass Sie die Lust und den Überblick verlieren.

Aus diesem Grund stellt das Aufräumen nach einer festen Reihenfolge einen äußerst wichtigen und fundamentalen Bestandteil der Konmari-Methode dar. So gelangen Sie ganz allmählich und Schritt für Schritt zur Ordnung in Ihren eigenen vier Wänden.

Die Reihenfolge, die Marie Kondo in diesem Zusammenhang empfiehlt, lautet:

- Kleider
- Bücher
- Papiere
- Kleinkram
- Erinnerungsstücke

Bezüglich dieser Reihenfolge sollten Sie jedoch immer zwei wichtige Aspekte im Hinterkopf behalten:

1. Sie selbst bestimmen, welche Reihenfolge für Sie am besten ist. Sie können sich an der Reihenfolge der Aufräum-Expertin orientieren oder auch eine vollkommen individuelle Reihenfolge für sich festlegen.
2. Die Kategorien teilen sich nicht nach Räumen auf. Sprich: Wenn Sie sich gerade mit der Kategorie der Kleidung beschäftigen, räumen Sie nicht nur die Kleidung im Kinderzimmer oder im Schlafzimmer auf, sondern Sie räumen sowohl den Kleiderschrank im Kinderzimmer als auch den Kleiderschrank im Schlafzimmer sowie die Garderobe und die Sommer- und/oder Winterkleidung in den Kisten auf dem Dachboden oder im Keller auf.

Komono – Macht Kleinvieh wirklich auch Mist?

Wie sagt man so schön? – Kleinvieh macht auch Mist.

In Bezug auf das Aufräumen und Ordnung-Halten sollten Sie sich diese Frage einmal bewusst stellen, um so feststellen zu können, dass Kleinkram oft nur im Weg steht und Ihnen Platz raubt. Zudem dienen viele kleine Dinge oft als Staubfänger. Marie Kondo definiert den Kleinkram als „Komono" und fasst unter anderem die folgenden Dinge unter diesem Begriff zusammen:

- Kabel
- Geräte
- Kosmetik
- Andenken
- Unterlagen
- Dekoration
- Stifte
- Büroartikel
- Kerzen
- Modeschmuck

Bei all diesen Dingen handelt es sich um Kleinkram, der sich in Ihren Haushalt einschleicht. Kennen Sie das? Auf einmal finden Sie einen Haargummi im Besteckkasten oder eine Kerze im Aktenschrank. Die kleinen Teile scheinen Beine zu bekommen und sich überall in der Wohnung zu verteilen.

Durch die Tatsache, dass Sie über viel Kleinkram verfügen und sich dieser in der Wohnung verteilt, haben Sie automatisch auch das Gefühl, dass sich das Chaos immer weiter in der Wohnung ausbreitet und Sie nie Herr darüber werden.

Natürlich brauchen Sie bestimmten Kleinkram, doch unter all den Sachen befinden sich eben auch viele Dinge, die Sie nicht brauchen und die somit einfach nur in Ihrer Wohnung herumliegen.

Aus diesem Grund ist es wichtig, dass Sie sich ab und an Zeit dafür nehmen, um den Kleinkram in Ihrer Wohnung auszumisten und all die Dinge zu entsorgen, die Sie nicht mehr brauchen.

Denn Kleinkram hat die Angewohnheit an sich, immer wieder den Weg in die Wohnung zu finden. Selbst wenn Sie ausmisten, strömt von außen immer wieder „Konomo", also Kleinkram, in Ihre Wohnung und muss in regelmäßigen Abständen von Ihnen ausgemistet werden.

Beim Ausmisten Ihres Kleinkrams gehen Sie am besten so vor, wie es weiter oben bereits beschrieben wurde. Fangen Sie mit den Dingen an, die keinen oder nur einen geringen emotionalen Wert für Sie haben und arbeiten Sie sich dann Schritt für Schritt nach vorne. Am Ende machen Sie sich dann an die Dinge, die einen hohen emotionalen Wert für Sie haben und bei denen es Ihnen schwerfällt, sich zu trennen.

Bereitet es mir Freude?

Der fünfte, wichtige Schritt bezüglich des Aufräumens nach Marie Kondo besteht darin, dass Sie sich bei allen Dingen, die sich in Ihrer Wohnung befinden, die Frage stellen, ob Sie Freude empfinden, wenn Sie die Dinge in die Hand nehmen und/oder, wenn Sie sie betrachten.

Stellen Sie sich diese Frage ganz bewusst. Betrachten Sie all die Gegenstände, die Sie in Ihrer Wohnung haben und nehmen Sie sie in die Hand, um anschließend für sich feststellen zu können, ob Ihnen die Gegenstände Freude bereiten oder nicht.

Grundsätzlich können Sie alles, was Ihnen keine Freude bereitet, ausmisten und entsorgen, um so mehr Platz für Dinge zu schaffen, die Ihnen wirklich Freude bereiten.

Je mehr Sie sich diese Frage stellen und je mehr Sie mit dieser Frage im Hinterkopf ausmisten und aufräumen, umso mehr wird sich diese Frage als selbstverständlicher Bestandteil des Aufräumens in Ihrem Leben etablieren.

Sie werden feststellen, dass Sie nach und nach automatisch nur die Dinge behalten und anschließend auch kaufen werden, die Ihnen wirklich Freude bereiten. Natürlich heißt das nicht, dass Sie sich von allen Dingen aus Ihrem Haushalt trennen, die keine Glücksgefühle in Ihnen hervorrufen. Sie können nicht von einem Teller verlangen, dass er in Ihnen Glücksgefühle auslöst. An dieser Stelle sollten Sie sich immer die Frage stellen, ob Sie den Gegenstand, der keine Glücksgefühle in Ihnen hervorruft, brauchen oder nicht.

Selbst wenn der Gegenstand keine Glücksgefühle in Ihnen hervorruft, kann es trotzdem sein, dass Sie ihn brauchen. Das führt wiederum dazu, dass Sie den Gegenstand nicht einfach wegschmeißen sollten, sondern ihn behalten, weil Sie ihn brauchen.

Sinn und Zweck hinter dieser Frage, ob Sie die Dinge, mit denen Sie sich in Ihren eigenen vier Wänden umgeben, glücklich machen, ist der, dass Sie sich früher oder später nur noch mit den Dingen umgeben, die Sie entweder wirklich dringend brauchen oder die Sie glücklich machen.

Alles hat seinen Platz!

Bezüglich der Konmari-Methode ist es auch wichtig, dass jeder Gegenstand seinen festen Platz hat, an den er immer wieder zurückkommt, nachdem Sie ihn benutzt haben.

Ein großes Problem, vor dem viele Menschen jedoch stehen, ist, dass sie gar nicht wissen, wohin sie mit den Dingen sollen. Oft haben Dinge gar keinen festen Platz im Haushalt, was das Aufräumen und das anschließende Halten der Ordnung ungemein erschwert.

In einer idealen Ordnungssituation hat allerdings jeder Gegenstand seinen Platz, sodass es einfach fällt, Ordnung zu machen und im Anschluss daran Ordnung zu halten. Dabei ist es wichtig, dass wirklich jeder Gegenstand – so klein er auch sein mag – seinen festen Platz in Ihren eigenen vier Wänden hat.

Möglicherweise stoßen Sie aber auch auf Kleinkram, bei dem Sie nicht wissen, wohin mit ihm. In diesem Fall können Sie sich eine kleine Box oder Kiste anlegen und all den „Konomo" dort verstauen. Entweder merken Sie, dass Sie einige Gegenstände gar nicht wirklich brauchen, oder Sie finden nach und nach einen Ort, an dem Sie den Kleinkram verstauen können.

Behalten Sie dabei aber auch immer im Hinterkopf, dass sich Ordnungssysteme immer wieder ändern können. Es kann vorkommen, dass Sie für sich feststellen, mit einem bestimmten Ordnungssystem nicht mehr zurecht zu kommen und aus diesem Grund die Entscheidung für sich treffen, die Ordnung neu zu verteilen. Das ist vollkommen legitim. Sie dürfen das System immer wieder umstellen, bis Sie für sich selbst ein Ordnungssystem finden, mit dem Sie gut klarkommen und mit dem Sie sich vor allem wohlfühlen.

Die Kleidung richtig falten und aufreihen

Marie Kondo legt – ganz nach den Aspekten des Minimalismus – nicht nur Wert darauf, dass sich wirklich nur die Kleidung im Kleiderschrank befindet, die Sie tatsächlich brauchen. Sie legt zudem auch großen Wert darauf, dass Sie die farblich sortierte Kleidung richtig falten und im Anschluss daran in Behältern oder Kisten stehend aufreihen.

In der Tat handelt es sich bei dem richtigen Falten und dem Aufreihen der Kleidung um ein wichtiges Kernprinzip der Konmari-Methode. Die Expertin empfiehlt, alle Kleidungsstücke zu rechteckigen Päckchen zusammenzufalten und dann in Schubladen aneinander zu reihen. Am besten passiert das nach Farben, sodass noch mehr System und Ordnung im Kleiderschrank herrscht.

Die Vorteile dieser Aneinanderreihung der Kleidungsstücke bringt mehrere Vorteile mit sich, von welchen Sie profitieren:

- Sie haben einen perfekten Überblick darüber, welche Kleidungsstücke sich in Ihren Schubladen befinden. Sie stapeln die Kleidung nicht mehr übereinander, sodass einige Dinge unter anderen verschwinden, sondern Sie sehen jedes Kleidungsstück.
- Die Aneinanderreihung der Kleidungsstücke macht einen sehr ordentlichen Eindruck.
- Die Faltmethode ist deutlich platzsparender als andere Faltmethoden oder das Aufhängen der einzelnen Kleidungsstücke.

Allerdings gilt diese Faltmethode vor allem für Shirts, Pullover, Hosen, Bettwäsche und Unterwäsche. Alle anderen Dinge, die Sie nicht falten wollen, können Sie natürlich trotzdem aufhängen.

Es handelt sich bei der Konmari-Methode, wie bei den anderen vorgestellten Methoden auch, um einen reinen Vorschlag, den Sie sich als Orientierung nehmen und aus dem Sie sich nach Bedarf die Aspekte herauspicken können, die Sie als sinnvoll und hilfreich ansehen.

Digitaler Minimalismus

Natürlich stimmt es, dass das "wahre" Leben im Analogen stattfindet. Allerdings müssen Sie dabei auch immer im Hinterkopf behalten, dass Sie in einer Welt leben, in der Smartphones und andere digitale Geräte einen großen Stellenwert einnehmen und den Menschen das Leben in vielen Bereichen ungemein erleichtern.

Aus diesem Grund beschäftigt einige Menschen nicht nur die Frage, wie Sie im Analogen minimalistisch leben können, sondern viele Menschen stellen sich auch die Frage, wie Sie im digitalen Bereich den Minimalismus in Ihr Leben integrieren können.

Mit den oben genannten Methoden haben Sie ein paar gute und vor allem hilfreiche Helfer zur Hand, um minimalistischer leben zu können. Doch wie schaffen Sie es, auch im digitalen Bereich minimalistisch zu leben?

In den folgenden Abschnitten sehen Sie, in welchen Bereichen Sie ausmisten können, um auch im digitalen Bereich Ihres Lebens ein unbeschwertes Leben führen zu können.

Das Handy

Eigentlich besitzt jeder Mensch heute ein Handy. Einige Menschen befinden sich sogar in Besitz mehrerer Handys und verlieren dabei schnell den Überblick. Haben Sie schon einmal auf Ihr Handy geblickt und geprüft, wie hoch die Anzahl Ihrer „Screen-Time“ ist, also jene Stunden, die Sie auf Ihr Handy schauend, verbringen?

Dass Menschen so viel Zeit mit Blick auf Ihr Handy verbringen, ist nicht immer mit der Arbeit zu entschuldigen. Sicherlich stellt für viele Menschen in der heutigen Zeit das Handy ein wichtiges Arbeitsgerät dar, doch oft befinden sich auch zahlreiche andere Dinge auf dem Handy, die Zeit rauben.

Umso wichtiger ist es, dass Sie wissen, wie Sie auch in Bezug auf die Handynutzung minimalistisch leben können. Minimalistisch zu leben heißt also nicht, voll und ganz auf ein Handy zu verzichten, sondern richtig mit dem Handy umgehen zu können, um leichter und entspannter leben zu können.

Vielleicht kennen Sie das Gefühl, nicht mehr Herr des Handys zu sein, sondern sich vielmehr in die Rolle des Dieners oder des Sklaven des Handys begeben zu haben. Das

Handy klingelt? Sofort suchen Sie nach dem Gerät und lassen alles andere um Sie herum stehen und liegen, um zu prüfen, welche Nachricht eingegangen ist.

Mit ein paar einfachen und unkomplizierten Tipps und Tricks können Sie den minimalistischen Lebensstil auch mit Ihrem Handy umsetzen und sich bezüglich des kleinen Gerätes sehr viel mehr Leichtigkeit verschaffen:

- Löschen Sie all die Apps, die Sie eigentlich gar nicht brauchen und selten oder nie nutzen.
- Organisieren Sie die Apps in Ordner und schaffen Sie somit etwas mehr Übersicht auf dem Bildschirm des Handys.
- Sehen Sie die Bilder durch, die Sie mit dem Handy geschossen haben und löschen Sie alle Bilder, die nichts geworden sind oder die Sie doppelt haben oder nicht schön finden.
- Sehen Sie sich die Downloads und PDFs an, die sich auf dem Handy befinden und löschen Sie all die Dateien, die Sie nicht mehr brauchen.

Das Notebook

Viele Menschen besitzen ein Notebook. Nicht immer nutzen sie das für die Arbeit, sondern für die Freizeit, doch in vielen Berufen gehört ein Notebook inzwischen fest zum Alltag dazu. Viele Menschen arbeiten zudem von zu Hause aus und brauchen aus diesem Grund ein Notebook, auf das sie sich verlassen können.

Doch, wie es auch bei einem Handy der Fall ist, sammelt sich auch auf einem Notebook sehr viel an, was Sie eigentlich gar nicht brauchen. Umso wichtiger ist es also, dass Sie auch auf Ihrem Notebook etwas aufräumen und mit ein paar hilfreichen Tipps und Tricks den Minimalismus auf das Gerät übertragen:

- Schauen Sie sich alle Dinge, die sich auf Ihrem Desktop befinden, an und überlegen Sie für sich, was Sie von den Dateien wirklich noch brauchen und was Sie hingegen löschen können.
- Werfen Sie nun, nachdem Sie etwas Ordnung auf dem Desktop geschaffen haben, einen erneuten Blick darauf und finden Sie ein System, um Ordner und Unterordner zu erstellen, um so eine übersichtlichere Struktur zu schaffen.
- Löschen Sie nun auch alle Dateien und Programme, die Sie nicht mehr brauchen. Oft vergessen Menschen, dass sie bestimmte Programme und Dateien heruntergeladen haben, welche sie nicht mehr nutzen.

- Räumen Sie Ihr Mail-Postfach auf und löschen Sie alle Mails, die Sie nicht mehr brauchen. Entleeren Sie den Papierkorb Ihres Posteingangs und tragen Sie sich aus allen Newslettern aus, die Sie eigentlich gar nicht brauchen.
- Entleeren Sie den Papierkorb Ihres Notebooks.

Mit diesen wenigen, sehr hilfreichen Tipps und Tricks, schaffen Sie schnell Ordnung im digitalen Bereich Ihres Lebens und sorgen dafür, dass Sie nicht nur analog, sondern auch digital minimalistisch und leichter leben können.

Was Sie für einen minimalistischen Lebensstil noch einführen können

Sie haben nun sehr viele Methoden kennengelernt, die Ihnen dabei helfen, den minimalistischen Lebensstil in Ihr Leben zu integrieren. Doch neben diesen Methoden gibt es weitere Dinge, die Sie umsetzen können, um minimalistisch zu leben.

In diesem Kapitel erfahren Sie aus diesem Grund alles, was Sie wissen müssen, um minimalistisch leben zu können. Wenn Sie möchten, können Sie die folgenden Tipps und Tricks mit den oben genannten Methoden kombinieren. Sie können aber auch auf die Methoden verzichten oder sich aus den einzelnen Methoden sowie Tipps und Tricks immer die passenden Punkte aussuchen, die Sie für sich als sinnvoll und hilfreich ansehen.

Lebensmittel

Die erste wichtige Kategorie, die wir uns etwas genauer ansehen wollen, stellen Lebensmittel dar. Wenn Sie einmal aufmerksam durch die unterschiedlichen Regale des Supermarktes gelaufen sind, werden Sie für sich festgestellt haben, dass es ein sehr großes Angebot an vielen Lebensmitteln gibt und Sie eigentlich gar nicht den Überblick über all die Dinge haben, die sich in den Regalen befinden.

Weiter oben haben Sie im Rahmen der 20 Tage Minimalismus Challenge bereits erfahren, wie Sie Ordnung in Ihrer Küche schaffen. In diesem Abschnitt erfahren Sie jedoch, wie Sie im Umgang mit Lebensmitteln minimalistischer leben. Sie erfahren, wie Sie es am besten schaffen, gar nicht erst in Verlegenheit zu kommen, zu viele Dinge im

Kühlschrank und im Vorratsschrank zu haben und erleichtern sich somit auch das Ordnung-Machen und das Ordnung-Halten in der Küche.

Sehen Sie das Einkaufen nicht als Freizeitaktivität an

Der erste wichtige Tipp in Zusammenhang mit den Lebensmitteln besteht darin, das Einkaufen nicht als Freizeitaktivität anzusehen, sondern einen festen Tag in der Woche zu bestimmen, an dem Sie einkaufen gehen und sich mit neuen Lebensmitteln versorgen. Natürlich findet das, wie auch weiter oben schon erwähnt, soweit es geht lokal statt, doch es ist letztendlich Ihre Entscheidung, wo Sie sich Ihre Lebensmittel besorgen und inwiefern Sie den Minimalismus leben wollen. Leben Sie unter anderem aus dem Grund minimalistisch, weil Sie der Umwelt etwas Gutes tun wollen, bietet es sich sicherlich an, die Lebensmittel beim Bauern zu kaufen und nur das Nötigste im Supermarkt zu besorgen.

Legen Sie einen bestimmten Tag fest und kaufen Sie nur die Dinge, die Sie wirklich brauchen. Wenn Sie sich einen Wochenplan schreiben und darauf festhalten, welche Gerichte sie kochen wollen, wird es Ihnen auch sehr viel leichter fallen, nicht zu viele Lebensmittel zu kaufen. Es fällt Ihnen so auch deutlich leichter, auf verlockende Angebote zu verzichten, die viele Menschen zwar wahrnehmen, anschließend aber bereuen, weil Sie die Lebensmittel eigentlich gar nicht essen und nur gekauft haben, weil sie im Angebot waren.

Wichtig ist, dass Sie das Einkaufen nicht als Freizeitbeschäftigung ansehen. Es handelt sich nicht um ein Hobby, sondern um eine Verpflichtung, der Sie nachgehen, um etwas zu Essen im Haus zu haben.

Natürlich spricht dennoch nichts dagegen, dass Ihnen das Einkaufen Spaß macht. Vor allem, wenn Sie bei Bauern vor Ort einkaufen, bilden sich nicht selten persönliche Beziehungen, die im Gegensatz zum anonymen Einkaufen im Supermarkt das Einkaufen versüßen und die Aktivität somit mit viel Freude und Spaß bereichern.

Immer die Einkaufsliste schreiben

Der zweite wichtige Tipp ist, sich immer eine Einkaufsliste zu schreiben, bevor Sie einkaufen gehen. Sehen Sie sich vor dem Einkaufen die Wochenliste durch, die Sie bezüglich der Gerichte erstellt haben, die Sie kochen wollen und prüfen Sie zunächst einmal, welche Zutaten Sie noch bei sich zu Hause haben. Anschließend schreiben Sie all die Dinge auf den Einkaufszettel, die für die Zubereitung der Speisen fehlen.

Es gibt für Sie allerdings mehrere Möglichkeiten, die Einkaufsliste zu schreiben, wie zum Beispiel:

- Prüfen Sie erst, was Sie zu Hause haben und erstellen basierend auf den noch vorhandenen Lebensmitteln einen Wochenplan. Anschließend schreiben Sie die Einkaufsliste.
- Schreiben Sie den Wochenplan und prüfen Sie dann, was Sie noch an Lebensmitteln zu Hause haben, bevor Sie die Einkaufsliste schreiben.
- Sehen Sie im Prospekt der Supermärkte, welche Lebensmittel im Angebot sind und erstellen Sie sich Ihren Wochenplan basierend auf den Angeboten. Das bietet sich vor allem dann an, wenn Sie Geld beim Einkaufen sparen wollen.

Letztendlich ist es Ihnen persönlich überlassen, wie Sie einkaufen. Doch im Rahmen des Minimalismus bietet es sich an, nur die Dinge zu kaufen, die Sie auch wirklich essen und in Ihrem Haushalt brauchen.

Gehen Sie nicht hungrig einkaufen

Ebenfalls wichtig ist der Aspekt, dass Sie nicht hungrig einkaufen gehen. Am besten besuchen Sie den Supermarkt oder den Bauern vor Ort immer mit gefülltem Magen. Warum? Ganz einfach: Sie kaufen automatisch mehr, wenn Sie Hunger haben, da Ihr

Hungergefühl die Menge der Lebensmittel bestimmt, die in Ihrem Einkaufswagen landen.

Doch warum ist das so? Warum hat Ihr Magen ein Mitspracherecht, wenn es um die Menge der Lebensmittel in Ihrem Einkaufskorb geht? Die Antwort auf diese Frage ist im Urinstinkt der Menschen zu finden.

Die Vorfahren der Menschen hatten damals keine Supermärkte, in denen sie Lebensmittel kaufen konnten. Wenn sich also das Hungergefühl in ihnen breitmachte, mussten sie sich auf die Suche nach neuer Nahrung machen. Je mehr Nahrung sie fanden, umso besser war es natürlich. Wenn Menschen heute Hunger haben, suchen sie automatisch nach Nahrung. In diesem Fall kaufen sie automatisch sehr viel mehr ein, als eigentlich vorher geplant war.

Verspüren Sie kein Hungergefühl, suchen Sie auch nicht nach Nahrung, was dazu führt, dass auch sehr viel weniger Nahrung in Ihrem Einkaufskorb landet.

Was in diesem Zusammenhang ebenfalls interessant und spannend ist, ist die Tatsache, dass sich Ihr Hungergefühl nicht nur auf die Menge der Lebensmittel auswirkt, die Sie kaufen, wenn Sie hungrig einkaufen gehen. Das Hungergefühl hat auch einen Einfluss auf den Kauf von Kleidung und Schuhen.

Grund für diesen Umstand ist die Tatsache, dass das Hungergefühl die Leistungsfähigkeit des Menschen beeinflusst und senkt. Somit werden Sie, wenn Sie sich hungrig in einen Laden oder in ein großes Einkaufszentrum begeben, deutlich anfälliger für die äußeren Reize. Sie treffen somit auch basierend darauf Entscheidungen, die Sie möglicherweise nicht klar durchdacht haben.

Wenn Sie also minimalistisch einkaufen wollen – ganz egal, ob es sich um Lebensmittel oder um andere Dinge handelt – sollten Sie immer gesättigt in die Läden gehen und nie hungrig.

Interessant ist dabei auch, dass Forscher im Rahmen unterschiedlicher Untersuchungen herausgefunden haben, dass das Hungergefühl zwischen 13 und 16 Uhr weniger intensiv ausgeprägt ist, als dies zum Beispiel am Abend zwischen 16 und 19 Uhr der Fall ist. Wenn Sie also wirklich sicherstellen wollen, nichts zu kaufen, was auf Ihrem Hungergefühl basiert, sollten Sie nicht nur eine Kleinigkeit essen, bevor Sie einkaufen oder shoppen gehen, sondern Sie sollten den frühen Nachmittag für Ihre Erledigungen nutzen.

Wenn Sie gesättigt einkaufen gehen, wirkt sich das im Übrigen auch sehr positiv auf den Nährwert der Lebensmittel auf, die Sie kaufen. Gehen Sie hungrig einkaufen, sind

Sie sehr viel mehr dazu verleitet, zu ungesunden Lebensmitteln zu greifen, als wenn Sie gesättigt in den Supermarkt gehen.

Die US-amerikanische Studie *You taste what you see: Do organic labels bias taste perceptions?* der Cornell University in Ithaca, USA, hat herausgefunden, dass Menschen dazu neigen, ungesunde Kalorienbomben in den Einkaufswagen zu stecken, wenn sie hungrig sind und mehr gesunde Lebensmittel kaufen, wenn sie gesättigt einkaufen gehen.

Lebensmittel nicht mehr entsorgen

Je weniger Lebensmittel Sie entsorgen, umso minimalistischer leben Sie. Es ist wichtig, dass Sie sich vor Augen führen, wie viele Lebensmittel täglich verschwendet werden und dass Sie sich darüber bewusstwerden, dass Lebensmittel nicht verschwendet werden müssen.

Wieso verschwenden Menschen so viele Lebensmittel? Die Gründe sind unterschiedlich. Um welche Gründe es sich handelt und wie Sie dennoch dafür sorgen können, so wenig Lebensmittel wie möglich zu verschwenden, erfahren Sie in diesem Abschnitt genauer.

Lassen Sie sich diese Zahlen einmal durch den Kopf gehen:

- In jeder Sekunde werden alleine in Deutschland circa 313 Kilogramm noch genießbarer Lebensmittel weggeworfen.
- Pro Kopf schmeißt jeder Mensch circa 75 Kilogramm Lebensmittel pro Jahr weg. Das sind circa 200 Gramm pro Tag.

Die Studie „Lebensmittelabfälle in Deutschland – Baseline 2015" des Thünen-Instituts und der Universität Stuttgart gibt sogar an, dass etwa 50 Prozent aller Lebensmittel in Deutschland in privaten Haushalten weggeworfen werden. Rufen Sie sich in diesem Zusammenhang auch vor Augen, dass auf der Welt circa 1 Milliarde Menschen Hunger leiden.

Somit handelt es sich bei der Lebensmittelverschwendung nicht nur um einen Aspekt des Minimalismus und des Geldes, sondern auch der Ethik und des Bewusstseins darüber, wie gut wir es eigentlich haben, keinen Hunger leiden zu müssen.

Allerdings ist es oft leichter gesagt als getan und somit stellen sich viele Menschen die Frage, wie sie es schaffen können, Lebensmittel nicht mehr wegzuschmeißen. Damit dieses Vorhaben gelingt, können Sie sich einige hilfreiche Tipps und Tricks zu Herzen nehmen:

- Kaufen Sie nur Lebensmittel, die Sie auch wirklich verbrauchen. Schreiben Sie sich dafür am besten eine Einkaufsliste.
- Frieren Sie Dinge ein, wenn Sie feststellen, dass Sie sie nicht rechtzeitig aufbrauchen können. Vor allem Obst und Gemüse, aber auch andere Lebensmittel, lassen sich sehr einfach und ohne Probleme einfrieren und somit sehr lange haltbar machen. Auch schon gekochte Speisen, die Sie nicht aufessen, lassen sich einfach einfrieren und somit an einem anderen Tag schnell wieder aufwärmen. Lassen Sie sich nicht von Angeboten verlocken. Zwar werben diese oft mit überzeugenden Argumenten, doch selten brauchen Sie drei Produkte zum Preis von einem.
- Lagern Sie die Lebensmittel richtig und achten Sie dabei auch darauf, dass einige Obst- und Gemüsesorten nicht in den Kühlschrank gehören. Dies sind unter anderem folgende: Bananen, Gurken, Zitrusfrüchte, Tomaten.
- Überdenken Sie das Mindesthaltbarkeitsdatum der Lebensmittel. Laut Gesetz müssen zwar alle Lebensmittel mit einem solchen Mindesthaltbarkeitsdatum (MHD) versehen sein, doch es gibt viele Lebensmittel, die auch noch über dieses Datum hinweg genießbar sind. Unter diese Kategorie fallen nicht nur trockene Lebensmittel, wie Linsen, Pasta und Reis, sondern auch andere Lebensmittel, wie zum Beispiel Jogurt, Milch etc. Bezüglich des Mindesthaltbarkeitsdatum ist es auch wichtig und interessant zu wissen, dass es lediglich angibt, bis wann der Hersteller die Haltbarkeit des Produktes garantiert. Im Umkehrschluss heißt das also nicht, dass das Produkt nicht mehr genießbar ist, wenn Sie es nach dem Ablauf des Mindesthaltbarkeitsdatums essen wollen.
- Um die Lebensmittelverschwendung auf ein Minimum zu begrenzen, schaffen Sie sich am besten eine sogenannte „Iss mich zuerst"-Kiste an. In diese stecken Sie alles Gemüse und Obst sowie alle anderen Lebensmittel, die bald ablaufen und somit direkt wegmüssen. Aus den Lebensmitteln in der „Iss mich zuerst"-Kiste können Sie sich dann leckere Gerichte zaubern.
- Schmeißen Sie Obst und Gemüse mit unschönen Stellen nicht direkt weg, sondern verarbeiten Sie diese Produkte zu einem Smoothie oder zu Obstmus. Reife Bananen eignen sich auch super für das Backen von Bananenbrot oder zur Herstellung einer gesunden Eiscreme.
- Bleiben Nudeln oder Reis vom Essen übrig, schmeißen Sie nichts weg, sondern machen Sie sich am nächsten Tag einfach eine Gemüsepfanne und geben Sie den übriggebliebenen Reis oder Couscous mit dazu.

- Übriggebliebene Suppe bietet sich sehr gut als Grundlage für eine Nudelsoße an. Verdicken Sie die Suppe einfach mit etwas Speisestärke und geben Sie noch etwas Gemüse dazu.

Die Lebensmittelverschwendung findet, wie Sie mit Sicherheit wissen, nicht nur in den eigenen vier Wänden statt. Auch Betriebe schmeißen jeden Tag viele Produkte weg, die eigentlich noch einwandfrei sind. Doch Menschen wollen eben frisches Gebäck, wenn sie sich morgens in eine Bäckerei begeben, um sich dort etwas Leckeres zu kaufen.

Aus diesem Grund haben Sie mit den oben genannten Tipps und Tricks nicht nur die Möglichkeit, die Lebensmittelverschwendung bei sich zu Hause auf ein Minimum zu beschränken. Sie genießen auch die Chance, die Lebensmittelverschwendung allgemein zu minimieren, indem Sie:

- Lebensmittel teilen und entweder Lebensmittel annehmen oder abgeben (Foodsharing).
- Über bestimmte Apps Restaurants, Bäckereien oder Lebensmittelgeschäfte in Ihrer Nähe finden, die Lebensmittel zu sehr günstigen Preisen anbieten, um sie nicht wegschmeißen zu müssen.

Freundschaften

Wie Sie bereits weiter oben im Ratgeber lesen konnten, bezieht sich der Minimalismus auf viele unterschiedliche Bereiche des Lebens und beschränkt sich somit nicht nur auf das Essen, auf die Einrichtung in den eigenen vier Wänden und auf das Geld und die Umwelt. Der Minimalismus lässt sich auch sehr gut auf die Arbeit und auf Freundschaften übertragen, da auch diese beiden Aspekte eine wichtige und tragende Rolle im Leben der Menschen spielen und somit viel Zeit und Energie für sich beanspruchen.

Ein kluger Spruch sagt, dass es deutlich besser sei, weniger gute Freunde als viele nicht so gute Freunde zu haben, die sich im Nachhinein sowieso nur als „flüchtige Bekanntschaften“ herausstellen.

Vielleicht kennen Sie auch das Gefühl, das sich in Ihnen breitmacht, wenn Sie kurz vor einem Treffen mit einem Freund stehen: Sie haben eigentlich keine Lust auf das Treffen und würden sich am liebsten eine Ausrede einfallen lassen, um nicht hingehen zu müssen.

Eigentlich können Sie sich sehr gut auf Ihr Bauchgefühl verlassen. Denn Ihr Bauch ist in der Regel ein recht guter Berater, auf den Sie zählen können.

Minimalistisch zu leben heißt nun nicht, dass Sie jede Freundschaft beenden müssen und nur noch eine bestimmte Anzahl an Freunden haben dürfen. Vielmehr heißt es, dass Sie sich Ihre Freundschaften etwas genauer ansehen und überlegen sollen, welche Beziehungen einen wirklich hohen und wichtigen Stellenwert für Sie einnehmen und welche nicht.

Nehmen Sie den Minimalismus als Anlass dafür, Ihre Beziehungen und Freundschaften nochmal etwas genauer zu betrachten. Nutzen Sie dafür die bereits erwähnten Fragen

- Nützt mir das etwas?
- Brauche ich das?

, um für sich festzustellen, ob Sie eine Freundschaft wirklich wollen oder nicht. Auch Fragen wie „Wie fühle ich mich, wenn ich mit dem Freund/der Freundin zusammen bin?“ oder „Habe ich Lust auf ein Treffen?“ können Ihnen dabei helfen, etwas mehr Klarheit über die Situation zu bekommen.

Alleine die Tatsache, dass Sie keine Lust auf ein Treffen haben, deutet recht klar darauf hin, dass Sie nicht wirklich Lust auf die Freundschaft haben und sie somit auch nicht brauchen. Das heißt nicht, dass Sie ab und an keine Lust auf ein Treffen haben dürfen. Doch wenn Sie bemerken, dass Sie eigentlich nie Lust darauf haben, eine bestimmte Person oder Freundesgruppe zu treffen, sollten Sie sich etwas intensiver mit der Frage beschäftigen, ob Sie die Freundschaft wirklich wollen und brauchen.

Die Gründe, wieso Sie keine Lust auf die Treffen haben, können dabei viele unterschiedliche sein. Einige mögliche Gründe stellen dabei unter anderem die folgenden dar:

- Sie haben das Gefühl, eine Rolle spielen zu müssen, wenn Sie mit der Person zusammen sind.
- Sie haben vorwiegend negative Gefühle, wenn Sie mit der Person zusammensind und legen den Fokus vor allem auf die negativen Eigenschaften, die Sie aufregen.
- Die Beziehung ist eine unausgeglichene Beziehung. In Phasen ist das vollkommen ok. Ab und zu haben Sie Phasen, in denen Sie mehr Redebedarf haben und in anderen Phasen drehen sich Gespräche mehr um die andere Person. Wenn die Beziehung jedoch dauerhaft unausgeglichen ist, stellt das für viele Menschen einen Grund dafür dar, dass sie keine Lust mehr auf Treffen haben.

Das mag vielleicht für einige Menschen egoistisch klingen, doch an dieser Stelle ist es wichtig, dass Sie verstehen, dass Selbstliebe und Egoismus zwei vollkommen unterschiedliche Dinge darstellen. Sie müssen sich in einer Freundschaft wohlfühlen und dürfen sich nicht aufgeben. Sie sollten sich freuen, wenn Treffen mit Freunden anstehen und nicht das Gefühl haben, sich als Gladiator ins Kolosseum zum Kampf begeben zu müssen.

Lassen Sie sich Zeit, um für sich zu verstehen und herauszufinden, welche Freundschaften für Sie einen wirklichen Mehrwert bringen und auf welche Freundschaften Sie hingegen verzichten können. Anschließend ist es wichtig, dass Sie für sich selbst einen Weg finden, um die Freundschaft zu beenden. Jeder findet dabei seinen persönlichen Weg. Wichtig ist, dass Sie immer in dem Bewusstsein handeln, dass Sie für sich agieren und zu Ihrem Wohl handeln und die Freundschaft Sie eigentlich nur belastet und nahezu keine positiven Aspekte mit sich bringt.

Minimalistische Diäten

Wenn Menschen das Wort „Diät" hören, macht sich eigentlich immer das Bild des Verzichts vor dem inneren Auge breit. Doch wer sich minimalistisch ernährt, muss im Grunde genommen auf nichts verzichten. Der Sinn und Zweck hinter einer minimalistischen Diät ist vielmehr der, alles Überflüssige zu streichen und nur noch das auf den Tisch zu stellen, was wirklich gebraucht wird.

Auch bezüglich des Essverhaltens spielt der Minimalismus eine fundamentale Rolle. So ist es wichtig, dass Sie sich selbst beobachten, während Sie essen. Essen Sie genug oder zu viel? Bezüglich einer minimalistischen Diät ist es wichtig, dass Sie sich sattessen, dabei aber auch darauf achten, sich nicht zu überessen.

Grundsätzlich funktioniert eine minimalistische Diät nach den folgenden Aspekten:

- Kochen mit frischen Zutaten.
- Verwendung kaum verarbeiteter Lebensmittel. Je länger die Liste der Inhaltsstoffe eines Produkts ist, umso mehr deutet das darauf hin, dass die Produkte sehr stark verarbeitet sind. Achten Sie vor allem darauf, dass die Lebensmittel keine „E-Zusätze" enthalten.
- Essen Sie hochwertig.
- Am besten essen Sie so saisonal und regional wie möglich, um durch eine minimalistische Diät nicht nur sich selbst und Ihrer Gesundheit, sondern auch der Umwelt etwas Gutes zu tun.

Wirft man einmal einen genaueren Blick auf die minimalistische Ernährung, fällt direkt auf, dass sie sehr viele Vorteile mit sich bringt, von denen Sie profitieren können. Bei den vier größten Vorteilen handelt es sich dabei um die folgenden:

1. Das Klima und die Umwelt profitieren in einem großen Maß von der minimalistischen Ernährung.
2. Kaufen Sie regional und saisonal auf dem Wochenmarkt ein, kostet Sie das in der Regel sehr viel weniger Geld als der Kauf verarbeiteter Produkte.
3. Wenn Sie wissen, wo Sie Ihre frischen und kaum verarbeiteten Lebensmittel finden, müssen Sie im Supermarkt nicht mehr lange nach Produkten suchen, sondern erledigen Ihren Einkauf in der Regel sehr schnell und unkompliziert.
4. Sie werden nach und nach merken, wie frei Sie sich mit der minimalistischen Ernährung fühlen. Haben Sie sich erst einmal von den verarbeiteten Produkten gelöst, werden Sie sich sehr viel besser fühlen.

Dekoration

Kennen Sie den Drang danach, sich die tolle Deko zu kaufen, die im Laden ausgestellt ist? Haben Sie sich schon einmal Deko gekauft und am Ende zu Hause feststellen müssen, dass sie gar nicht so toll aussieht, wie das im Laden der Fall war?

Oft passiert es, dass die Deko den Reiz, den sie im Laden hatte, verliert, wenn Sie sie kaufen und bei sich zu Hause hinstellen. Das liegt an der Tatsache, dass Anbieter die Deko gekonnt mit anderer Deko verbinden und aufstellen, dass sie im Laden gut und ansprechend aussieht, bei Ihnen zu Hause jedoch weniger dem optischen Aspekt, sondern vielmehr der Funktion als Staubfänger nachkommt.

Wenn Sie minimalistisch leben und sich dabei die Frage „brauche ich das wirklich?" stellen, werden Sie feststellen, dass Sie einen Großteil der Dekoration, die sich in Ihren vier Wänden befindet, eigentlich gar nicht brauchen.

Die Frage, die sich Menschen, die minimalistisch leben wollen, aus diesem Grund oft stellen, ist, ob und, wenn ja, inwiefern Deko nun angebracht ist. An und für sich schreibt der minimalistische Lebensstil niemandem vor, ob und wie viel Deko angemessen ist und sich in den einzelnen Räumen befinden darf. Sie ganz alleine entscheiden, welche Deko Sie nutzen wollen und welche Teile hingegen aus Ihren eigenen vier Wänden verschwinden sollten.

Wenn Sie für sich herausgefunden und bestimmt haben, welche Deko Sie nicht brauchen und somit auch nicht nutzen, können Sie sich mit minimalistischer Dekoration die Wohnung verschönern, ohne sich mit dem Blick auf die Gegenstände immer wieder die Frage stellen zu müssen, ob Sie sie wirklich brauchen oder nicht.

Im Rahmen des Minimalismus kommen vor allem Gebrauchsgegenstände zum Einsatz, die mit der richtigen Anwendung und Organisation nicht nur als Gebrauchsgegenstände, sondern auch als Dekoration fungieren und somit ganz besonders gelungene Akzente in der Wohnung setzen.

Dekorative Nutzgegenstände

Vielleicht nähen Sie gerne oder Sie nutzen Wolle, um damit Pullover, Schals und Mützen selbst zu stricken? In diesem Fall könnten diese Utensilien (wie viele andere Utensilien auch) als Dekoration fungieren. Nehmen Sie sich Zeit und überlegen Sie sich, wie die Gebrauchsgegenstände als Dekoration fungieren könnten. Natürlich muss es nicht die Wolle sein. Im Grunde genommen bringt nahezu jeder Gebrauchsgegenstand das Potenzial mit sich, als Dekoration verwendet werden zu können. Nehmen Sie sich Zeit und lassen Sie Ihrer Fantasie freien Lauf, um so für sich herausfinden zu können, welcher Gegenstand am besten gekonnte Akzente in Ihrer Wohnung setzt.

Dekorative Möbel

Eine weitere Möglichkeit der Dekoration Ihrer Wohnung besteht in der Anschaffung dekorativer Möbel. Suchen Sie gezielt nach Möbeln, die Sie brauchen und die sich durch eine besondere Optik auszeichnen, um so gekonnte Akzente rein durch die Anwesenheit des Möbelstücks setzen zu können. Im Übrigen lassen sich vor allem gebraucht oft wunderschöne Möbel finden, die sich nicht nur durch eine ansprechende Optik, sondern auch durch ein ganz besonderes Flair auszeichnen.

Dekorative Naturutensilien

Naturmaterialien zeichnen sich in der Regel dadurch aus, kostenlos und schön zu sein. Sie können sich also ganz einfach auf Ihrem Spaziergang ein paar Tannenzweige oder auch Kastanien mitnehmen und anschließend nutzen, um Ihre Wohnung der Jahreszeit entsprechend zu dekorieren.

Dekorative Lebensmittel

Deko, die man anschließend aufessen kann? Das stellt kein Problem dar, wenn Sie zu dekorativen Lebensmitteln greifen. Neben dem Vorteil, dass diese Dekoration essbar ist, bringen dekorative Lebensmittel den weiteren positiven Aspekt mit sich, wandelbar zu sein. Wenn Sie die Dekoration aufgegessen haben, können Sie mit neuen Obstsorten neue Dekorationen schaffen und neue Kombinationen ausprobieren.

Vor allen die Farbvielfalt saisonaler Obst- und Gemüsesorten schafft ganz besonders schöne und gelungene Akzente.

Dekorative Textilien

Der letzte Tipp, der Ihnen dabei hilft, sinnvolle Dekoration in Ihren eigenen vier Wänden anzubringen, stellen dekorative Textilien dar. Vor allem Kissen auf dem Bett oder auf der Couch sowie Tagesdecken oder Kuscheldecken erfreuen sich bei Menschen einer sehr großen Beliebtheit. Sie bringen nicht nur den Vorteil mit sich, in vielen unterschiedlichen Variationen auf dem Markt zur Verfügung zu stehen, sondern sie halten auch an kalten Tagen warm und stellen gleichzeitig einen weichen und kuscheligen Untergrund dar.
Wie Sie sehen, können Sie mit einigen wenigen Utensilien bereits sehr schöne und äußerst gelungene Akzente setzen, ohne sich Staubfänger in die Wohnung zu legen.

Dokumente reduzieren

Bestimmt haben Sie auch diesen einen Schrank oder dieses eine Schubfach, das voller Dokumente ist. Sobald Sie das Schubfach oder den Schrank öffnen, macht sich das

Chaos breit und Sie wissen eigentlich gar nicht mehr, wo Sie anfangen sollen, falls Sie Ordnung schaffen wollten.

Natürlich fallen oft viele wichtige Dokumente an und viele Menschen heben sich Rechnungen und andere Dokumente über viele Jahre hinweg auf. Um die Dokumente jedoch etwas reduzieren zu können und somit den minimalistischen Ansatz auch in das Dokumenten-Fach einfließen zu lassen, sollten Sie sich gezielt einen Tag (oder auch mehrere Tage – je nachdem, wie viele Dokumente Sie insgesamt besitzen) nehmen, um alle Unterlagen aus dem Schrank zu nehmen und auf dem Boden oder auf dem Tisch auszubreiten.

Anschließend gehen Sie alle Dokumente durch und prüfen, welche der Unterlagen Sie wirklich noch brauchen und auf welche Sie verzichten können. Wenn Sie erst einmal ausgemistet haben, geht es daran, die ganzen Dinge zu sortieren.

Suchen Sie sich dabei selbst aus, welche Kategorien Ihnen als sinnvoll erscheinen und stapeln Sie die Unterlagen somit Kategorie für Kategorie. Möglicherweise bilden sich innerhalb der einzelnen Kategorien weitere Unterkategorien. Nehmen Sie sich aus diesem Grund bewusst Zeit und setzen Sie sich nicht selbst unter Druck.

Wenn Sie die ganzen Unterlagen geordnet haben, geht es daran festzustellen, welche der Dokumente Sie in Papierform brauchen und welche Sie hingegen nicht unbedingt auf Papier benötigen. All die Unterlagen, die Sie nicht in Papierform brauchen, scannen Sie anschließend ein und laden sie auf einen Computer oder auf einen USB-Stick.

Achten Sie anschließend darauf, dass Sie auch auf dem Computer und auf dem USB-Stick Ordnung halten und die einzelnen Unterlagen geordnet und übersichtlich in Ordnern und Unterordnern anlegen und speichern.

Am Ende bleiben Ihnen nur noch die Unterlagen, die Sie zwingend in Papierform brauchen, während Sie den Rest geordnet in elektronischer Form haben. Sie werden sehen, dass Sie nicht mehr in Panik verfallen, wenn Sie das Schubfach oder das Schrankfach mit den Dokumenten öffnen müssen.

Optionale Ausrüstung eliminieren

„Was wäre, wenn...?“ – Vielleicht könnten Sie diesen Gegenstand früher oder später noch brauchen und heben ihn aus diesem Grund auf. So kommt es, dass Sie diese „für alle Fälle“-Dinge ansammeln, die Sie eigentlich gar nicht benötigen.

Bei diesen Dingen spielt es eine wichtige Rolle, dass Sie sich einen ganz bestimmten Zeitraum setzen, innerhalb dessen Sie die Entscheidung darüber treffen, ob Sie sie brauchen und somit behalten oder doch nicht brauchen und deshalb entsorgen wollen.

Gehen Sie durch Ihre Wohnung und schauen Sie in alle Räume. Packen Sie gnadenlos alle Dinge, die Sie schon seit einer gefühlten Ewigkeit nicht mehr nutzen und bei denen Sie sich nicht sicher sind, dass Sie sich wirklich brauchen, in eine Kiste.

Lassen Sie die Kiste nun optional zwischen einem bis drei Monate stehen und holen Sie Gegenstände und Utensilien nur dann aus der Kiste heraus, wenn Sie sie brauchen. Ist die Zeit, die Sie sich gegeben haben, verstrichen, sehen Sie nochmal alle Dinge durch, die sich weiterhin in der Kiste befinden. Stellen Sie sich erneut die Frage, ob Sie die Sachen wirklich brauchen.

Wenn sich Menschen nicht von Dingen trennen wollen, die sie jedoch eigentlich nicht brauchen und auch nicht nutzen, bringen sie oft das Argument, dass diese Utensilien früher oder später vielleicht doch noch nützlich sein könnten.

Diese „Was wäre, wenn"-Fälle treten jedoch nur selten ein, weshalb es sich nicht lohnt, sich die Wohnung mit den „Was wäre, wenn"-Gegenständen vollzustellen. Stattdessen schaffen Sie sich lieber Platz, indem Sie diese Gegenstände entsorgen und nicht mehr die Last mit sich tragen, die mit den vielen unnötigen und somit auch überflüssigen Dingen einhergeht.

Wie soll ich Geschenke behandeln?

Grundsätzlich haben Sie es selbst in der Hand, wie Sie den Minimalismus leben und in Ihr Leben integrieren. Allerdings stellt sich bei vielen Menschen früher oder später die interessante und durchaus wichtige Frage, wie sie mit Geschenken umgehen sollen. Wie behandeln Sie Geschenke von anderen Menschen, wenn sie nicht Ihren Ansätzen entsprechen und wenn es sich um Dinge handelt, die Ihnen keinen Nutzen bringen und die Sie sich folglich auch nie selbst kaufen würden, weil Sie sie schlicht und ergreifend nicht brauchen?

Wie gehen Sie mit Geschenken um, wenn Sie minimalistisch leben wollen? In diesem Kapitel erfahren Sie, welche Möglichkeiten Sie haben, um mit Geschenken umzugehen. Am Ende finden Sie, genau wie es auch beim Minimalismus selbst der Fall ist, Ihren ganz eigenen Weg, um mit Geschenken umzugehen.

Erklären Sie das „Warum“ und finden Sie neue Geschenkgewohnheiten

Eine Möglichkeit, die Sie haben, um ungewollte Geschenke zu vermeiden und andere Menschen nicht vor den Kopf zu stoßen, stellt das Erklären Ihrer Ansichten dar. Erklären Sie dem Menschen, der Ihnen mit dem Geschenk eine Freude machen wollte, warum Sie es nicht annehmen wollen. Erwarten Sie dabei nicht, dass das Gegenüber Ihre Ansichten direkt versteht oder teilt, doch seien Sie immer transparent und offen.

Nur, wenn Sie Ihren Mitmenschen Ihre Ansichten und Grundsätze erklären, können Sie anschließend neue Geschenkgewohnheiten etablieren und dafür sorgen, dass Sie in Zukunft die Dinge geschenkt bekommen, die mit Ihren Ansichten des minimalistischen Lebensstils konform gehen.

Wie sich diese neuen Geschenkgewohnheiten gestalten, fällt von Mensch zu Mensch unterschiedlich aus. Während einige Menschen mit ihrer Familie und ihren Freunden vereinbaren, sich schlicht und ergreifend nichts mehr zu schenken, finden andere Minimalisten Kompromisse, mit denen sie gut leben können.

Das Schreiben eines Wunschzettels kann dabei helfen, wirklich nur die Dinge zu erhalten, die Sie brauchen und auch verwenden. Auf solch einem Wunschzettel finden sich in diesem Fall meist Dinge wieder, die Sie sich auch selbst kaufen würden. Möchten Ihre Verwandten gerne etwas schenken, können Sie also diesen Kompromiss des Wunschzettels nutzen.

Sie haben ein Geschenk erhalten – was jetzt?

Wenn Sie Ihren Freunden und Verwandten noch nicht mitgeteilt haben, dass Sie minimalistisch leben und aus diesem Grund auch noch keine neuen Geschenkgewohnheiten etabliert haben, kommt es nicht selten vor, dass Sie Geschenke erhalten, die Sie eigentlich nicht haben wollen und die Ihrem minimalistischen Lebensstil ganz und gar nicht entsprechen.

Aus diesem Grund stellt sich an dieser Stelle die wichtige Frage, wie Sie nun mit diesen erhaltenen Geschenken umgehen. Kann man Geschenke einfach wieder zurückgeben? An und für sich könnten Sie die Geschenke durchaus wieder zurückgeben. Behalten Sie dabei jedoch auch immer im Hinterkopf, dass sich die Menschen, die Ihnen das Geschenk machen, nichts Böses dabei denken. Im Grunde genommen wollen Ihnen die Menschen eine Freude machen, sonst würden sie sich gar nicht erst die Mühe machen, ein passendes Geschenk für Sie zu finden.

Wie gehen Sie also mit Geschenken um, die Sie erhalten haben und die Ihrem minimalistischen Lebensstil ganz und gar nicht entsprechen?

Seien Sie ehrlich

Wie sagt ein bekanntes und beliebtes Sprichwort doch so schön? – „Ehrlich währt am längsten“. Es fällt nie leicht, Menschen zu sagen, dass ein Geschenk nicht gefällt, doch nur mit Ehrlichkeit schaffen Sie die Grundlage, die Sie brauchen, um neue Geschenkgewohnheiten etablieren zu können.

Sagen Sie direkt beim Erhalt des Geschenks, dass Sie sich sehr darüber freuen, dass sich Ihr Gegenüber Gedanken gemacht hat und Ihnen mit dem Geschenk eine Freude machen wollte. Sagen Sie aber auch, dass Sie minimalistisch leben und erklären Sie in diesem Zusammenhang Ihre Ansichten und Grundsätze.

Anschließend können Sie das Geschenk zurückgeben oder annehmen und anschließend weiterverschenken.

Es kann sein, dass das ehrliche Kommunizieren für Sie jedoch keine Option darstellt. Vor allem bei Freunden und Verwandten, die mit viel Freude und Herzlichkeit schenken, fällt es schwer, ihnen ins Gesicht zu sagen, dass Sie das Geschenk nicht wollen. Wenn Sie es nicht übers Herz bringen, offen zu kommunizieren, dass Sie das Geschenk nicht wollen, machen Sie das nicht. Wissen Sie, dass Ihr Gegenüber sehr traurig und verletzt sein würde, finden Sie einen anderen Weg, um mit den Geschenken umzugehen. Zwar währt Ehrlichkeit am längsten, doch Sie müssen nicht auf Biegen und Brechen ehrlich sein.

Machen Sie anderen Menschen eine Freude mit den Geschenken

Eine weitere Möglichkeit, die Sie haben, um mit ungewollten Geschenken umzugehen, stellt jene dar, anderen Menschen mit den erhaltenen Geschenken eine Freude zu machen.

Vor allem, wenn Sie ein Geschenk schon länger zu Hause liegen haben und absolut nichts damit anfangen können, können Sie es an andere Menschen, die es besser gebrauchen können als Sie und Freude daran empfinden, verschenken.

Was Sie nicht machen sollten ist, das Geschenk wegzuschmeißen. Denken Sie immer daran, dass der Mensch, der Ihnen das Geschenk gemacht hat, nicht nur Zeit, sondern auch Geld und Liebe in das Geschenk gesteckt hat und Ihnen eigentlich nur eine Freude machen wollte.

Geben Sie den Geschenken eine Chance

Wenn Sie Geschenke erhalten, die Sie auf den ersten Blick nicht brauchen können, heißt das nicht, dass Sie später nicht Freude daran empfinden können. Vielleicht mögen Geschenke im ersten Moment nicht Ihren Ansichten und Grundsätzen entsprechen, doch wenn Sie sich erst einmal auf die Geschenke einlassen und sie sich genauer ansehen, finden Sie vielleicht einen Sinn hinter ihnen.

Geben Sie den Geschenken eine Chance und probieren Sie sie aus. Wenn Sie anschließend feststellen, dass Sie sie wirklich nicht brauchen, können Sie sie immer noch verschenken oder verkaufen.

Führen Sie sich in diesem Zusammenhang auch vor Augen, dass es nicht immer zwangsläufig darum geht, die Geschenke um jeden Preis loszuwerden. Vielleicht findet sich für das Geschenk ein Platz im Keller oder auf dem Dachboden. Wenn Sie das nächste Mal ausmisten und sich die Frage stellen, ob Sie bestimmte Dinge wirklich brauchen oder nicht, können Sie für sich selbst feststellen und bestimmen, ob Sie den Gegenstand brauchen oder nicht.

Geschenke sind in der Regel gut gemeint. Natürlich könnte man nun mit dem Spruch „Gut gemeint ist nicht immer gut gemacht" argumentieren. Doch gehen Sie weder mit sich selbst noch mit Ihren Mitmenschen zu hart ins Gericht. Erklären Sie nach und nach Ihre Ansätze und Sichtweisen und kommen Sie somit zu dem Punkt, neue Geschenkgewohnheiten zu etablieren und somit sicherzustellen wirklich nur das geschenkt zu bekommen, was Sie sich wünschen und was Ihrem minimalistischen Lebensstil entspricht.

Der Minimalismus – Herausforderungen und Fehler

Wenn sich Menschen das erste Mal mit dem Minimalismus beschäftigen und auseinandersetzen, kommt es nicht selten vor, dass sie Fehler machen oder auf Herausforderungen stoßen. Umso wichtiger ist es, zum Abschluss dieses Buches genauer auf die häufigsten Herausforderungen und Fehler einzugehen, auf die Menschen treffen, wenn Sie sich für den minimalistischen Lebensstil interessieren. Denn wie sagt man so schön? Einen Fehler zu machen und ihn sich nicht einzugestehen – erst das ist ein Fehler. Schließlich lautet es *errare humanum est* – es ist vollkommen menschlich, Fehler zu machen. Nur wer Fehler macht, kann anschließend aus ihnen lernen und über sich hinauswachsen.

Aus diesem Grund gehen die nächsten beiden Kapitel genauer auf die häufigsten Herausforderungen und auf die Fehler ein, die oft von Menschen begangen werden, die den minimalistischen Lebensstil in ihr Leben einführen.

Häufige Herausforderungen

Der minimalistische Lebensstil bringt sehr viele Vorteile mit sich, die ganz klar auf der Hand liegen. Sie haben im Laufe des Ratgebers erfahren, in welchen Aspekten diese Vorteile bestehen, doch so umfangreich diese Vorteile auch sein mögen – der minimalistische Lebensstil bringt auf den ersten Blick und vor allem in den ersten Schritten auch einige Herausforderungen mit sich.

Wie sagt man aber so schön? – Wenn man seinen Gegner kennt, kann man ihn sehr viel besser und einfacher schlagen. Aus diesem Grund ist es wichtig herauszufinden, in welchen Punkten die Herausforderungen bestehen und wie Sie diese am besten überwinden und bewältigen können.

Wer minimalistisch lebt, lebt in der Regel sehr viel freier und entspannter. Doch selbst wenn der minimalistische Lebensstil viele Vorteile mit sich bringt, geht er auch immer mit hohen Erwartungen und nicht zu unterschätzendem Druck einher. Der Druck geht dabei jedoch nicht von anderen Menschen, sondern in der Regel von Ihnen selbst aus. Oft setzen Sie sich unter Druck und schaffen diese Herausforderungen selbst. Aus diesem Grund bietet es sich an, das Lied „Probier´s mal mit Gemütlichkeit, mit Ruhe und Gemütlichkeit“ zum vorübergehenden Soundtrack Ihres Lebens zu machen, um den Minimalismus somit einfach und gelassen in Ihr Leben integrieren zu können.

Hohe Erwartungen und viel Stress

Wie es bei vielen Dingen der Fall ist, klingt der Einstieg in ein minimalistisches Leben in der Theorie sehr einfach. In der Praxis fällt es einigen Menschen jedoch schwerer als gedacht. Denn natürlich stellt sich bei vielen Menschen das Wunschdenken ein, dass der Einstieg in das minimalistische Leben direkt und schnell erfolgt. Am liebsten möchte man, dass sich der Minimalismus über Nacht erfolgreich ins Leben integriert, doch oft geht das nicht Knall auf Fall. Wenn Sie so wollen, handelt es sich beim Einfügen des minimalistischen Lebensstils um eine Reise, die Sie Schritt für Schritt beschreiten. Mit jedem Schritt, den Sie gehen, integrieren Sie den Minimalismus ein Stück mehr in Ihr Leben.

Diese hohen Erwartungen, die Sie an sich selbst stellen und der Stress, der mit ihnen einhergeht, stellt Sie oft vor eine große Herausforderung. Allerdings können Sie dieser Herausforderung ganz einfach und schnell den Wind aus den Segeln nehmen, indem Sie sich eben darüber bewusstwerden, dass es sich beim Minimalismus um eine Reise handelt. Sie werden den minimalistischen Lebensstil nach und nach immer mehr in Ihr Leben integrieren können und anschließend merken, dass es Ihnen somit auch immer leichter fallen wird, minimalistisch zu leben. Setzen Sie sich nicht unter Druck und gehen Sie nicht mit der Ansicht, dass Sie um jeden Preis sofort in allen Bereichen Ihres Lebens minimalistisch leben müssen, an die Reise heran.

Will ich das wirklich? – Zweifel als weitere Herausforderung

Eine weitere Herausforderung, auf die Menschen nicht selten treffen, stellen die Zweifel dar, die sich früher oder später einschalten. Sie melden sich ganz plötzlich und mischen sich ohne Vorwarnung in Ihre Entscheidung darüber, minimalistisch leben zu wollen, ein.

Will ich wirklich so leben? War es wirklich die richtige Entscheidung, mich von den Dingen zu trennen, von denen ich mich bereits getrennt habe?

Sie suchen nach Antworten auf Ihre Fragen und wollen eigentlich nur jemanden finden, der Ihnen sagt, dass Sie die richtige Entscheidung getroffen haben. Doch genau diese Person sind Sie selbst. Nur Sie befinden sich in der Position, sich selbst auf die Schulter klopfen zu dürfen und sich sagen zu können, dass Sie die richtige Entscheidung getroffen haben. Doch wie Sie bestimmt selbst wissen, ist das in vielen Fällen einfacher gesagt als getan.

Sehen Sie Ihre Zweifel und die Fragen, die Ihnen die Stimme in Ihrem Kopf stellt, nicht als Hindernis an, sondern nehmen Sie sie vielmehr zum Anlass, um sich selbst zu bestätigen, dass Sie wirklich minimalistisch leben wollen.

Umso wichtiger ist es deshalb, dass Sie nicht von heute auf morgen alles aus Ihrer Wohnung schmeißen, was Ihnen überflüssig erscheint. Trennen Sie sich nicht voreilig von allen Dingen, die Sie augenscheinlich nicht brauchen und nicht nutzen, sondern lassen Sie sich Zeit. Beim Minimalismus handelt es sich nicht um einen Wettkampf, bei dem der gewinnt, der schneller alles ausmistet oder der die meisten Dinge entsorgt. Es geht darum, dass Sie zu einem unbeschwerten und leichteren Leben finden. Das erreichen Sie am besten nicht durch Stress und Hektik, sondern mit Gelassenheit und Ruhe.

Der Perfektionismus lässt grüßen

Für viele Menschen stellt auch der Perfektionismus eine recht große Herausforderung dar. Ganz nach dem Motto „Wenn schon, denn schon" denken Menschen, dass sie es besonders gut machen müssen und lassen sich somit leicht zum Perfektionismus verleiten.

Allerdings sollten Sie sich in diesem Zusammenhang auch immer die Frage stellen, was „perfekt" in Bezug auf Minimalismus überhaupt bedeutet. Gibt es den perfekten Minimalismus überhaupt? Die ganz klare Antwort auf diese Frage lautet: Nein!

Jeder Mensch lebt den Minimalismus anders, sodass der perfekte Minimalismus nicht existiert. Lassen Sie sich nicht verleiten zu denken, alles perfekt machen zu müssen. Leben Sie den Minimalismus so, wie es sich für Sie gut und richtig anfühlt.

In diesem Zusammenhang ist eine große Herausforderung, auf die viele Menschen stoßen, die, den eigenen minimalistischen Weg zu finden. Denn nicht selten vergleichen sich Menschen mit anderen Menschen und lassen sich dadurch zu Bewertungen, Urteilen und deutlich zu viel Selbstkritik verleiten. Werden Sie sich darüber bewusst, dass jeder Minimalist seinen eigenen Weg geht. Ihr Weg muss nicht der Weg sein, den ein anderer Minimalist geht. Genauso muss der Weg eines anderen Minimalisten nicht der Weg sein, den Sie gehen wollen.

Häufige Fehler

Wie sagt man doch gleich so schön? – *Errare humanum est!* Es ist vollkommen normal und menschlich, Fehler zu machen. Ein weiterer sehr kluger Spruch sagt zudem, dass ein Fehler alleine noch kein Fehler ist, sondern erst dann zum Fehler wird, wenn Sie ihn sich nicht eingestehen.

Auch Sie werden auf Ihrer Reise zum Minimalismus einige Fehler machen. Doch diese Fehler geben Ihnen die tolle Möglichkeit, aus ihnen zu lernen und über sich selbst hinaus zu wachsen. Gehen Sie aus diesem Grund nicht zu hart mit sich ins Gericht, sondern lassen Sie es zu, Fehler zu machen. Lassen Sie es zu, die falsche Abzweigung auf dem Weg zu nehmen und treten Sie die Reise offen an. So werden Sie garantiert den passenden Weg finden, mit dem Sie sich am wohlsten fühlen und den Minimalismus auf die beste Weise in Ihr Leben integrieren.

Sie orientieren sich zu sehr an anderen und vergleichen sich mit anderen Minimalisten

Ein großer Fehler, den viele Menschen machen, besteht darin, sich zu sehr an anderen Minimalisten zu orientieren und dabei die eigenen Ansichten, Wünsche und Bedürfnisse zu vergessen. Dass sich Menschen zu sehr an anderen Menschen orientieren und viele Dinge von anderen Minimalisten übernehmen, liegt unter anderem daran, dass viele vor allem am Anfang nicht wissen, wo sie anfangen sollen.

Das ist jedoch vollkommen normal und gehört mit zur Reise des Minimalismus dazu. Sie dürfen sich andere Menschen durchaus als Inspiration nehmen. Sehen Sie jedoch davon ab, sie nachzuahmen und zu kopieren. Während ein Mensch mit 100 Dingen glücklich ist, heißt das nicht, dass Sie Ihre Wohnung so sehr ausmisten müssen, dass Sie nur noch 100 Dinge besitzen. Möglicherweise würden Sie mit dieser Methode sehr unglücklich sein.

Geben Sie sich Zeit und finden Sie Ihren ganz eigenen Weg in den Minimalismus. Denn beim Minimalismus gibt es kein Falsch und kein Richtig, sondern es gibt schlicht und ergreifend Ihren Weg, der für Sie und Ihr Leben der richtige ist.

Niemand ist ein „richtiger" oder „guter" Minimalist, nur weil er auf so viel wie möglich im Leben verzichtet. Denn das ist auch nicht der Sinn und Zweck des Minimalismus. Dass viele Menschen den Ansatz des minimalistischen Lebensstils vollkommen anders auffassen, zeigt bereits die Tatsache, dass jeder Mensch eine andere Antwort auf bestimmte Fragen gibt. Stellen Sie verschiedenen Menschen, die sich als Minimalisten bezeichnen, beispielsweise die Frage, ob ein Auto legitim ist, wenn man minimalistisch leben möchte, werden Ihnen einige Menschen entsetzt in die Augen blicken und Ihnen mitteilen, dass der Besitz eines Autos ganz und gar nicht konform mit dem Ansatz des Minimalismus geht. Andere Menschen, die ebenfalls minimalistisch leben, werden ein Auto jedoch nicht als schlimm ansehen und sogar selbst eines besitzen.

Leben Sie aus diesem Grund nicht nach Definitionen anderer Menschen, sondern finden Sie für sich die passende Definition des Minimalismus, die für Ihr Leben passt.

Sie sehen den Minimalismus als Wettkampf

Zunächst einmal sollten Sie sich selbst bewusst die Frage stellen, warum Sie überhaupt minimalistisch leben wollen. Warum haben Sie überhaupt den Wunsch danach, den Minimalismus in Ihr Leben zu integrieren?

Rufen Sie sich immer wieder vor Augen, dass Sie den Minimalismus in Ihr Leben integrieren wollen, weil Sie sich selbst etwas Gutes tun wollen, indem Sie leichter und unbeschwerter leben. Wenn Sie dieses Bewusstsein entwickeln, werden Sie auch merken, dass Sie den Minimalismus nicht mehr als Wettkampf sehen werden.

Der Vergleich mit anderen Minimalisten und auch anderen Menschen, die nicht minimalistisch leben, ist vollkommen unangebracht. Dass Sie minimalistisch leben, macht Sie zu keinem besseren Menschen, genauso wie ein Mensch, der nicht minimalistisch lebt, kein schlechterer Mensch ist. Sie mögen sich besser und leichter fühlen – das ist auch einer der Gründe, die für den minimalistischen Lebensstil sprechen – doch Sie sind kein besserer Mensch, wenn Sie so minimalistisch wie möglich leben.

Verzichten Sie aus diesem Grund auf den Vergleich mit anderen Menschen und gehen Sie Ihren ganz eigenen Weg. Es ist egal, wie langsam Sie die Schritte setzen oder wie viel Zeit Sie für das Ausmisten Ihrer Wohnung brauchen. Wie bereits im Rahmen der oben vorgestellten 20 Tage Minimalismus Challenge erwähnt, müssen Sie nicht nur 20 Tage brauchen, sondern Sie dürfen sich all die Zeit nehmen, die Sie für das Durchführen der Challenge brauchen. Zudem können Sie nach Bedarf einige Schritte auslassen und die Challenge somit ganz individuell an Ihre eigenen Wünsche, Bedürfnisse und Lebensentwürfe anpassen.

Sie denken, funktionsfähige Dinge durch „minimalistische" Dinge ersetzen zu müssen

In den ersten Schritten hin zum minimalistischen Lebensstil gehen viele Menschen durch ihre Wohnung und stellen sich die Frage, ob sie bestimmte Dinge überhaupt noch brauchen und nutzen.

Ein Fehler, den viele Menschen dabei machen, besteht darin, selbst funktionstüchtige Dinge, die sie auch nutzen und brauchen, durch andere minimalistische Alternativen austauschen zu wollen. Sie müssen keine neuen minimalistischen Dinge kaufen, wenn Sie andere Dinge noch nutzen und brauchen können. Vielleicht mag ein Gerät nicht dem Minimalismus an und für sich entsprechen, doch es stellt auch einen Widerspruch dar, noch gute Dinge, die Sie nutzen und brauchen, zu entsorgen und durch neue Dinge zu ersetzen.

Sehen Sie sich zum Beispiel einmal die Behälter aus Plastik an. Bestimmt besitzen auch Sie, wie viele andere Menschen, Behälter aus Plastik, die Sie nahezu täglich nutzen. Viele Menschen, die sich für den minimalistischen Lebensstil interessieren und ihn leben wollen, gehen davon aus, dass Glas eine bessere Alternative zu Plastikbehältern sei. An und für sich ist das durchaus richtig. Glas ist bezüglich des minimalistischen Lebensstils deutlich besser als Plastik.

Doch wenn Sie bereits Plastikbehälter bei sich zu Hause haben, ist es widersprüchlich, diese wegzuwerfen, wenn Sie sie noch nutzen, um sie durch Glasbehälter zu ersetzen. Etwas anderes wäre es, wenn Sie sich noch nicht im Besitz der Plastikbehälter befinden würden und auf der Suche nach Behältern sind. Stehen Sie in diesem Zusammenhang vor der Wahl zwischen Plastik und Glas, ist es natürlich sinnvoll, sich in diesem Fall für die Behälter aus Glas zu entscheiden.

Aber Plastikbehälter, die Sie noch nutzen, wegzuschmeißen, um sie durch Glasbehälter zu ersetzen, ist eher widersprüchlich.

Sie denken, ständig ausmisten zu müssen, um ein richtiger Minimalist zu sein

Der letzte Fehler, auf den wir in diesem Buch bezüglich des Minimalismus eingehen wollen, ist die Annahme, sich ständig von Dingen trennen zu müssen, um sich als echten und wahren Minimalisten bezeichnen zu können.

Alleine die Tatsache, dass Sie sich von Dingen trennen und in Ihren eigenen vier Wänden ausmisten, macht Sie nicht zum Minimalisten. Natürlich gehört es zum Dasein als Minimalist dazu, sich von Dingen zu trennen, die Ihnen keinen Nutzen bringen und die Sie auch nicht nutzen. Doch alleine der Umstand, dass Sie sich von Dingen trennen, macht Sie nicht zum Minimalisten. Beim Minimalismus handelt es sich vielmehr um die innere Einstellung, die Sie an den Tag legen.

Wer minimalistisch lebt, muss früher oder später gar nicht mehr viele Dinge ausmisten. Denn wer den minimalistischen Lebensstil in sein Leben integriert, hat irgendwann nur noch die Dinge in seiner Wohnung und kauft sich nur noch die Sachen, die er wirklich braucht und möchte, sodass es früher oder später gar nicht mehr notwendig ist, die Wohnung auszumisten und von Dingen zu befreien.

Wie Sie sehen, steckt der Schritt in ein minimalistisches Leben voller Herausforderungen und potenzieller Fehler. Wichtig ist, dass Sie nicht zu hart mit sich sind und den Minimalismus nicht als Pflicht sehen. Zwingen Sie sich nicht zu einem minimalistischen Lebensstil, sondern gehen Sie den Minimalismus mit Leichtigkeit und Freude an. Mit Spaß und Freude an der Sache wird es Ihnen nicht nur leichtfallen, den Minimalismus in Ihr Leben zu integrieren, sondern Sie werden auch merken, dass Sie Ihren ganz eigenen, persönlichen Weg finden werden, um den Minimalismus so zu leben, dass er Sie bereichert und Ihnen das Leben erleichtert.

SCHLUSSWORT

In diesem Buch haben Sie nun viel über den minimalistischen Lebensstil erfahren. Sie wissen, worum es sich beim minimalistischen Lebensstil handelt und dass jeder Mensch den Minimalismus anders für sich interpretiert. Mit Sicherheit haben Sie eine andere Auffassung über den minimalistischen Lebensstil als dies bei einem anderen Menschen der Fall ist, der sich ebenfalls als Minimalist bezeichnet.

An und für sich bringt die Entscheidung darüber, in Zukunft minimalistisch leben zu wollen, viele Vorteile mit sich, von denen nicht nur Sie, sondern auch die Umwelt und Ihre Mitmenschen profitieren. Allerdings sollte der größte Vorteil, der zugleich auch eine Motivation für Sie darstellt, der sein, dass Sie ein leichteres, schöneres und deutlich unbeschwertes Leben führen, wenn Sie minimalistisch leben.

Picken Sie sich aus den verschiedenen Ansichten die Bestandteile heraus, mit denen Sie sich wohlfühlen und entscheiden Sie für sich, ob Sie nach einer bestimmten Methode vorgehen wollen, um den Minimalismus in Ihr Leben zu integrieren, oder ob Sie Ihren ganz eigenen, individuellen Weg ohne andere Ansätze finden.

Sie wissen auch, welche Herausforderungen und mögliche Fehlerquellen auf Sie zukommen, wenn Sie sich für den Weg des minimalistischen Lebensstils entscheiden. Sie halten somit die beste Grundlage in der Hand, um den Minimalismus nach und nach in Ihr Leben zu integrieren, ohne Gefahr zu laufen, dass er zur Ideologie wird, sie konditioniert und zu bestimmten Schritten und Verhaltensweisen zwingt.

Sie sollten nie negative Gefühle wie Zwang verspüren, wenn Sie minimalistisch leben, sondern der Minimalismus soll vielmehr eine Erleichterung für Ihr Leben bedeuten. Das kann für Sie bedeuten, dass Sie radikal sind und direkt alles ausmisten, was Sie nicht mehr brauchen, oder dass Sie langsam und Schritt für Schritt vorgehen und den Minimalismus somit ganz langsam in Ihr Leben integrieren.

Behalten Sie dabei immer im Hinterkopf, dass Sie nicht mehr oder nicht weniger Minimalist sind, wenn Sie mehr oder weniger als andere Minimalisten besitzen oder schneller oder langsamer ausmisten und sich von Dingen trennen als andere.

Der Minimalismus ist eine Lebenseinstellung, die von Mensch zu Mensch unterschiedlich ausfällt. Wichtig ist, dass Sie sich wohlfühlen und Ihren ganz eigenen, persönlichen passenden Weg des Minimalismus finden und in Ihr Leben integrieren.

QUELLEN

You taste what you see: Do organic labels bias taste perceptions? Wan-chen Jenny Lee, Mitsuru Shimizu, Kevin M. Kniffin, Brian Wansink – Dyson School of Applied Economics and Management, 110 Warren Hall, Cornell University, Ithaca, NY 14853, USA

„Lebensmittelabfälle in Deutschland – Baseline 2015" - Thünen-Institut und Universität Stuttgart

Geschenk für Sie

Als Dankeschön dafür, dass Sie dieses Buch gekauft haben, habe ich hier ein Geschenk für Sie bereitgestellt. Es handelt sich um unser Buch „20 lebensverändernde Gewohnheiten“.

Dieses E-Book ist der perfekte Begleiter zu Ihrem Buch. Dort werden Sie zahlreiche Tipps finden, mit denen Sie neue Gewohnheiten entwickeln können, sowohl in Ihrem Alltag als auch beim Sprachenlernen. Diese werden Ihnen bestimmt helfen, Ihr Leben zu optimieren.

Schon gespannt? Dann klicken Sie auf diesen Link und laden Sie Ihre Kopie herunter!

https://pld-publishing.de/geschenk/

Ich würde mich freuen, wenn Sie sich kurz 2 Minuten nehmen, um **eine Rezension auf Amazon zu hinterlassen**, so wie viele andere begeisterte Leser. Das wird uns helfen, immer besser zu werden, um Lesern wie Ihnen den besten Service zu bieten. Einfach den QR-Code scannen oder auf den Link unten klicken. Danke vielmals!

http://www.amazon.de/ryp

Ich hoffe, dass Sie viel gelernt haben, das würde mich auf jeden Fall erfüllen und weiter motivieren. Ich würde mich freuen, von Ihnen zu hören, deswegen können Sie gerne unsere Webseite oder Facebook-Seite besuchen:

https://pld-publishing.de

https://www.facebook.com/juancortes.coach

Andere Bücher von Juan Cortés

Printed in Poland
by Amazon Fulfillment
Poland Sp. z o.o., Wrocław

27598788R00076